당신과 나의
아이디어

당신과 나의 아이디어

개정판 1쇄 발행 2021년 3월 22일
개정판 3쇄 발행 2021년 5월 19일

지은이 김하나
발행인 박주란
디자인 강경신

등록 2019년 7월 16일(제406-2019-000079호)
주소 경기도 파주시 문발로 197 1층 102호
전화번호 070-8957-7076
메일 sowonbook@naver.com

ISBN 979-11-969331-1-1 13190

• 이 책은 《당신과 나의 아이디어》 (씨네21북스, 2013)의 개정판입니다.

당신과 나의
아이디어

창의성을 깨우는 열두 잔의 대화

김하나 지음

세개의소원

인생을 바꿔놓을 줄 모르고 시작하는 어떤 일들이 있다. 내
겐 2012년 어느 여름날 집에 있다가 문득 노트북을 열고 글
을 쓰기 시작한 일이 그랬다. 그 무렵 나는 온통 어떤 생각에
사로잡혀 있었다. 일종의 깨달음 같은 걸 얻었다고 생각했다.
그걸 머릿속으로 굴려본 지가 이미 5년은 되었다. 조사하고
메모한 자료만 해도 상당한 양이 쌓였다. 나는 당시 프리랜서
카피라이터로 일하고 있었는데, 그 깨달음 덕분에 일이 상당
히 재미있어졌고 놀랍게도 인생과 세상을 바라보는 시각까
지 긍정적으로 변했다.

맛있는 귤을 먹으면 옆 사람에게 나눠주고 싶듯이 나는 아
끼는 동료나 친구들에게 이 깨달음을 전하고 싶었으나 번번
이 실패했다. 말이 너무 길어졌기 때문이다. 할 말이 너무 많
아서 12강짜리 강연회를 열어야 할 판이었다. 아무도 내게 그

런 자리를 제공할 리 없었으므로 나는 그들에게 "안 되겠다, 내가 이 주제로 책 한 권 쓸게. 그 책 앞에 네 이름 딱 써가지고 줄게!"라며 이야기를 마무리 짓곤 했다.

 그 말을 허풍으로 만들지 않기 위해 마침내 원고를 쓰기 시작한 것이었는데, 당연하게도 나는 책을 내려면 어떻게 해야 하는지 몰랐다. 머릿속에서 점점 불어나는 이 생각의 덩어리를 일단은 밖으로 꺼내놓고 싶었다. 그런데 생각만큼 쉽지가 않았다. 그 와중에 가장 친한 친구 황영주가 내 집 근처에 술집을 차렸다. 인테리어 공사를 하는 동안 친구가 내 집에 상주했고, 오픈하고 나니 매일같이 아는 사람들이 그곳에 놀러와 나를 불러냈다. 어떻게 시작한 원고인데 도무지 진척은 없고 날마다 술만 마셨다. 안 되겠다 싶어 본가가 있는 부산으로 피신을 갔다. 거기 머물며 원고를 써서 어느 정도 궤도에 올려놓고 돌아올 생각이었다. 그런데 거기서도 진도가 안 나갔다. 가장 큰 문제는 내가 자기 계발서처럼 확신에 차서 일방적으로 '이렇게 해라' '저렇게 해라'라고 말하는 글을 도저히 쓸 수 없었다는 점이다. 그런 방식으로 글을 써놓고 나면 나 스스로 그에 대해 반감이 들었다. 그러다 갑자기 아이디어가 떠올랐다. 아예 친구의 술집을 배경으로 하자는 것이었다.

그 술집에는 바 테이블이 있었는데, 거기서 우연히 만난 두 사람이 대화를 나누는 형식으로 써보았더니 글이 쭉쭉 나아가기 시작했다. 지금 생각해보면 그 이유를 알 것 같다. 창의성의 본질은 대화이기 때문이다. 아이디어를 다른 곳에서 찾지 말고 지금 내 곁에 있는 것에서부터 찾으라는 이 책의 내용과도 통한다. 12강짜리 강연을 12잔짜리 술자리로 바꾸었더니 좀 더 내가 쓴 글 같았다.

원고를 반 정도 썼을 때 나는 이름을 아는 몇 군데 출판사에 투고를 했다. 딱 한 군데서 답이 왔다. 김영사의 박주란 편집자님이 '원고가 재미있고 뒤가 궁금하다. 그런데 좀 더 이러저러한 성격의 출판사에서 내는 게 더 나을 듯하다'는 의견을 주셨다. 나는 이것을 완곡한 거절의 의사로 받아들였다. 그런데 박주란 편집자님은 잊을 만하면 책 작업은 잘되어가고 있느냐며 용기를 북돋우는 연락을 주셨다. 아직 세상에 책이 한 권도 나오지 않은 초보 저자에게 그건 참 고마운 일이었다. 마침 우연한 기회에 다른 출판사 분을 만나게 되었는데 내가 계약도 없이 원고를 쓰고 있다 하니 놀라며 보여달라고 했다. 원고에 흥미를 보인 그분 덕분에《당신과 나의 아이디어》가 세상에 나왔다. 나는 마침내 책 앞에 동료와 친구들의 이름을 써서 몇 년간 하려던 말을 전할 수 있었다.

책이 나올 무렵 엄마가 우스갯소리로 이렇게 말했다. "초보 저자들은 첫 책이 나오면 세상이 뒤집어질 거라고 생각한대. 하지만 미동도 없어서 충격을 받는다는군." 그렇게까지 기대한 건 아니었지만 반응은 잔잔했다. 그래도 내가 하고 싶은 말을 원껏 했기 때문에 나는 이 책을 사랑했다. 2014년 세종도서 교양 부문에 선정되었다는 소식을 들었을 때는 크게 기뻤다. 나무를 베어 세상에 헛된 말을 더한 것은 아니었구나 싶었다. 작가가 되고자 한 것도 아니고, 첫 책에서 하고 싶었던 말을 다 했으므로 두 번째 책은 생각하지 않았다. 이곳저곳에 기고한 원고들이 제법 쌓여 있었는데 그걸로 뭘 해야 하는지도 몰랐고, 제안도 없었다. 단 한 사람, 박주란 편집자님만 빼고. 그렇게 나는 두 번째 책《내가 정말 좋아하는 농담》을 냈다. 이 책은 나를 '글 쓰는 사람'으로 세상에 알려주었다.

세월은 흘러 나는 책을 여러 권 냈고 곧잘 작가라고 불린다. 그동안 세상도 많이 변했다. 특히 여성과 약자, 소수자의 권리에 대한 인식이 많이 바뀌었다.《당신과 나의 아이디어》 개정판을 내야겠다고 강하게 결심한 것은 최영미 시인이 고은 시인의 성추행을 폭로하고 나서였다. 고은 시인의 시를 인용했던 것을 당장 삭제해야겠다고 생각했다. 그런데 단순히 그런다고 될 일이 아니었다. 고은 시인이 문제라면 내가 예로 든 피카소는 문제가 없나? 간디는? 실태래는 보다 깊이, 오래 얽혀 있었고 어느 한 부분을 도려낸다고 말끔해지는 게 아니었다. 그동안 나의 생각과 인식도 많이 바뀌어 있었다.

대수술을 하기로 했다. 초판본에서 7장을 없애고 개정판의 11장을 완전히 새로 썼다. 이 책은 자랐다.

●

개정판에서 몇 가지를 짚어둬야겠다. 앞서 말한 것처럼 이 책의 배경은 서촌에 있던 내 친구의 술집 '바르셀로나'이고 '황'이라는 술집 주인도 등장한다. 젠트리피케이션으로 높아진 월세를 감당하지 못한 바르셀로나는 서촌을 떠났지만, 여전히 어딘가에 실제로 있는 술집이다. 다만 옮긴 곳에는 바 테이블이 없다.

등장인물은 두 사람인데, 한 명은 '아이디어'에 대한 생각을 끝도 없이 늘어놓는 (술이 센) 여성이고 또 한 명인 '나'는 조금 보수적이고 '아재 취향'을 가진 (술이 그보다는 약한) 남성이었다. 개정판을 내면서는 꼭 남녀의 대화라고 못박을 필요는 없겠다 싶어서 '나'의 성별을 특정하지 않았다. '그녀'라는 3인칭 대명사의 사용을 두고 고심했는데, 등장인물의 이름이 나오지 않는 데다 이 장광설의 주인공이 여성이라는 점을 강조하고 싶어서 '그녀'를 사용했다. 그녀가 자신의 이야기라며 말해주는 내용은 모두 내가 실제로 겪은 에피소드다.

초판본에서 그녀와 나는 모두 셰리주를 마신다. 개정판에서는 맥주와 와인을 마신다. 내가 맥주와 와인을 좋아하기 때문이기도 하고, 셰리주를 열두 잔씩이나 마시면 죽을 수도 있기 때문이다. 실제로 이 책을 읽고 바르셀로나에 와서 셰리주를 많이 마시고 너무 취해버린 분들이 있었다. 물론 맥주와 와인도 열두 잔씩이나 마시면 안 된다고 머리로는 알고 있다…… 어쨌든 이 책의 대화는 전개를 위한 장치로 받아들였으면 좋겠다. 따라 하지 마시길.

10장 '빼기의 아이디어'에 등장하는 우리나라 지자체의 충격적인 공공 디자인 열전은 바뀐 곳도 있지만 거의 그대로다. 초판본에는 고발의 의미로 사진을 넣었으나 개정판에는 신지 않았다. (그래서 책이 더 예뻐졌다.) 휴대폰을 이용해 책에 나오는 곳들을 찾아보고 놀라시길 바란다.

문득 노트북을 열고 글을 쓰기 시작했던 2012년으로부터 9년 만에 더 자란 개정판으로 다시 찾아뵙는다. 9년 전 혼자 글을 쓰고 있던 내게 용기 나는 메일을 보내주신 박주란 대표님의 작은 출판사와 함께.

인생을 바꿔놓을 줄 모르고 시작하는 어떤 일들이 있다. 이 책이 아름다운 무언가를 시작하는 계기가 되길 바란다.

김하나

인간 따위가 만든 최고의 것,
자전거 탈 줄 아십니까

언젠가 제 친구 D는 자전거를 두고 이런 말을 했습니다.

"아니, 인간 따위가 어떻게 이런 걸 만들었지?!"

제가 아는 가장 강렬한 자전거 예찬입니다.

이 책은 창의성과 아이디어에 대한 것입니다.

저는 창의성이란 어딘지 자전거 타기와 비슷한 데가 있다고 생각합니다. 창의성도, 자전거 타기도 결코 말이나 글로는 배울 수 없는 것입니다. "넘어지려는 방향으로 핸들을 꺾어!" 같은 건 이미 자전거를 탈 줄 아는 사람이 자신의 행동을 되새겨보며 '이런 식이었던 것 같아' 정도로 하는 말이지, 그 지침을 안다고 해서 바로 자전거를 탈 수 있는 건 아니거든요.

우리가 자전거를 처음 타기 시작했을 때를 생각해봅시다.

생각처럼 잘되지 않는다고 여겼을 테고, 몇 번은 넘어지기도 했겠지요. 하지만 마침내 두 발로 페달을 밟으며 20~30미터를 나아가면, 어느 순간 나의 힘으로 추진하고 나의 팔로 조종하며 얼마든지 더 나아갈 수 있다는 걸 깨닫게 됩니다. 그 마법과 같은 순간 이후 당신은 평생을 '자전거 탈 줄 아는 사람'으로 살게 되는데, 그 깨달음은 실제로 자전거를 타보지 않으면 얻을 수 없는 것이지요. 우리는 모두 자신만의 방식으로 자전거를 탄다고 할 수 있습니다. 그리고 특별한 사유가 없는 한 누구나 자전거를 탈 수 있습니다.

창의성에 대해서도 마찬가지입니다.

우리 모두는 창의성을 발휘하고 계발할 수 있습니다. 하지만 그것은 단순히 "뒤집어서 생각하라" "모든 것에 호기심을 가져라"와 같은 몇몇 지침을 따른다고 배울 수 있는 것이 결코 아닙니다. 자신의 힘으로 추진하고, 자신의 사고로 조종하며 나아가봐야 하는 것입니다.

휘청일 수도 넘어질 수도 있지만, 우리 모두는 자신만의 방식으로 아이디어의 자전거를 타고 창의성의 세계로 나아갈 수 있다고 믿습니다. 제가 실제로 겪었던 그 마법과 같은 깨달음의 순간을 이 책을 통해 여러분과 나누어 가질 수 있기를 바랍니다.

　서점에 가면 '천재들은 어떻게 생각했을까' 유의 책이 많습니다. 위대한 예술가, 발명가, 과학자, 기업가들의 창의성을 더듬어보는 책들이지요. 감탄을 자아내는 좋은 읽을거리입니다. 그런데 우리 대부분은 천재가 아닙니다. 평범한 사람이 창의력을 키우고 발휘하는 방법을 배우고자 할 때, 과연 이런 책들이 도움이 될까요?

　다시 자전거에 비유하자면, 천재들의 이야기는 인간의 한계를 극복하고 믿어지지 않는 기록을 세우는 세계적 사이클 선수들의 이야기와도 같습니다. '나도 자전거를 탈 수 있을까'라고 생각하는 사람에게 그런 이야기는 너무 멀기만 한 것은 아닐까요. 천재가 아닌 우리에게 필요한 것은 자전거를 타기 시작하는 꼬마들이나 시골길을 자전거로 지나는 할아버지의 모습, 또는 아파트 단지에 줄줄이 세워진 자전거들을 보는 일일지도 모릅니다. 일상에서 누구나 자전거를 타는 모습을 본다면 우리는 자연스럽게 '나도 자전거를 탈 수 있다'는 생각을 갖게 될 테니까요.

　사람의 능력이란 재미있는 데가 있어서, 인식이 제한되면 실제로 발휘할 수 있는 능력도 제한되곤 합니다. 제가 초등학교에 다닐 때 어머니께서 운전면허를 따셨습니다. 아버지보다 한참 먼저였지요. 그때만 해도 여성 운전자가 드물 때여서, 친구들에게 "우리 엄마는 운전할 줄 안다"고 하면 신기하게 여겼습니다. 하지만 요즘은 어린 아이들도 전혀 그런 생각을 하지 않습니다. 여성 운전자는 남성 운전자만큼 흔히 볼 수 있고, 엄마가 운전하는 건 당연한 일이니까요. 만약 요즘 누군가가 "저는 여자라서 운전을 못 해요"라고 한다면 사람들은 오히려 의아하게 생각할 것입니다. 이렇듯 주변에서 많이 본다는 건 생각보다 아주 중요한 문제입니다. 인식이 능력을 끌어오기 때문입니다. 창의성과 아이디어는 나와 동떨어진 문제가 아니라는 걸 인식하는 게 중요합니다.

  그래서 이 책은 이미 우리 주위에 가득한 자전거, 즉 수많은 창의성의 열매를 발견하는 방법을 이야기합니다. 그리고 '인간 따위'가 만든 자전거가 사실은 얼마나 위대한 것인지를 이야기합니다. 아, 그러니까 우리의 '아이디어'란 것이 말입니다. 훌륭한 사이클 선수들, 즉 진정으로 창의적이었던 천재들에 대한 이야기도 합니다. 하지만 그들의 타고난 근력과 남다른 지구력보다는 그들이 탔던 것 또한 자전거이며, 그들도

우리와 마찬가지로 페달을 밟으며 나아갔다는 사실을 이야
기할 겁니다. 또 마지막으로, 이 책을 읽는 당신이 직접 핸들
을 잡고 두 발을 바닥에서 떼어 페달을 밟아보라고 말합니다.
자전거 타기와 마찬가지로, 각자의 현장에서 창의성과 아이
디어를 발휘해보는 것은 무척이나 즐거운 일이며 인생에도
유익합니다.

　하지만 결국 이 모든 건 "넘어지려는 방향으로 핸들을 꺾
어!"라는 충고 정도가 되겠지요. 제가 할 수 있는 건 거기까지
입니다.

차례

"모든 벽은 문이다."

랠프 월도 에머슨Ralph Waldo Emerson

미스티

1 ___ 잔

이것은 종로구 누하동의 조그만 술집에서 있었던 일이다.

— 한 피아니스트가 시카고에서 뉴욕으로 가는 비행기에 앉아 있었지.

나는 맥주로 입을 좀 축인 뒤 말을 이었다.

— 땅에서부터 3만 피트 위에 떠 있었기 때문인진 몰라도 그 사람 머릿속에 갑자기 어떤 멜로디가, 거의 완전한 형태로 떠올랐다는 거야. 천상으로부터 바로 전해 받은 것처럼. 그 사람은 악보를 읽을 줄도, 쓸 줄도 몰랐대. 그래서 그 멜로디가 사라지지 않도록 끝없이 흥얼거려야 했지. 그는 뉴욕에 도착해서 처음으로 피아노 앞에 앉자마자 그걸 연주했어. 그 곡은 곧 레코드로 발표되는데, 그게 바로 재즈 역사상 가장 아름다운 멜로디로 꼽히곤 하는…….

나는 잠시 멈추었다가 손가락으로 허공을 가리키며 말했다.

— 바로 이 곡, 〈미스티〉라는 거야. 그 사람은 에롤 가너Erroll Garner였지.

나의 오랜 친구이자 이 술집의 주인인 황은 바 뒤에서 잔을 닦으며 흥미롭다는 듯 "흐음" 하는 콧소리를 냈다. 나는 〈미스티〉가 흘러나오는 순간 이야기를 적절히 꺼낸 것에 스스로 흡족해하며 셔츠 제일 위 단추를 풀었다. 긴 하루를 보내고 퇴근길에 들른 참이었다. 내일은 쉬는 날인 것이다.

— 근사한 얘기네요.

옆자리에 앉은 여자가 말했다. 그녀와 나는 좀 전에 처음 만났다. 바에 나란히 앉은 나 홀로 손님들이 곧잘 그러듯, 날씨와 메뉴에 대해 몇 마디를 주고받은 터였다.

— 저도 좋아하는 곡인데 그런 이야기가 있는 줄 몰랐어요. 인상적이네요. 신비스럽고.

— 그렇죠.

그녀는 빙긋 웃더니 말을 이었다.

— 그런데 솔직히 말하면 전 그런 얘기에 음…… 부작용 같

은 게 있다고 생각해요.

― 부작용요?

그녀는 살짝 느릿하지만 또박또박한 말투로 말했다.

― 네, 바로 재미있기 때문이에요. 이런 얘기가 쌓여서 '창의
성의 신화'가 된다는 생각이 들어요. 이를테면 아르키메데스
가 "유레카!"를 외치면서 알몸으로 뛰어나갔다든가, 뉴턴이
떨어지는 사과를 보고 중력의 법칙을 발견했다든가 하는 얘
기들 있잖아요. 이런 얘기는 항상 인기가 있죠. 드라마틱하기
때문에 쉽게 퍼져나가기도 하고요.

― 그게 나쁠 건 없지요.

― 하지만 대부분의 창의적 작업이란 그리 신비롭기만 한 건
아니니까요. 스매싱 펌킨스Smashing Pumpkins•의 빌리 코건Billy
Corgan은 이런 말을 했대요. "사람들은 음악을 만드는 게 밤늦

• 미국의 얼터너티브 록밴드.

게 스튜디오에 모여 대마초를 피우며 잼jam이라도 즐기는 낭만적인 것이라 생각하죠. 실상은 너저분할 정도로 현실적인 일인데 말입니다."

그녀가 말을 멈추자 〈미스티〉의 영롱한 피아노 소리가 이어졌다. 황은 여전히 잔을 닦으며 또 "흐음" 하는 콧소리를 냈다.

— 그럼 부작용이라는 게?

— 창의성에 대한 환상을 갖게 한달까요. 가끔은 아이디어가 무방비 상태에서 완벽한 형태로 떠오를 때도 있죠. 〈미스티〉처럼 짧은 곡이라면 그럴 수도 있어요. 그렇게 아름답게만 이루어진다면 얼마나 좋을까요! 하지만 정교한 창의적 작업은 그런 식으로 한 방에 척척 해결될 수가 없습니다. 순간순간 점검하고 판단하고 무수한 갈래길에서 선택을 해나가야 하는데, 그게 스스로도 인지 못 하는 무의식의 차원일 수도 있어요. 그래서 수월해 보일 때도 있죠. 하지만 결코 한순간의 "유레카!"로 로또 맞듯이 해결될 수는 없어요.
또 창의성의 신화는 은연중에 창의적 작업이란 특별한 사람들에게만 일어나는 대단한 일이라는 느낌을 주지요. 아이디어와 영감은 공기 중에 떠다니고, 선택된 누군가가 거기에 사로잡혀 신탁처럼 그걸 받아쓰기만 하면 된다는 신화요. 어쩌면 창의성의 신화가 우리 대부분을 창의성으로부터 멀어지게 하고 있는지도 몰라요.

나는 무슨 얘긴지 잘 알아듣지 못했지만 어쨌든 예의 바르게 고개를 끄덕였다. 그리고 생각나는 대로 덧붙였다. 어쨌거나 바에 혼자 앉아 술을 마시기는 좀 심심했으니까.

— 그렇군요. 그런데 예술가들은 저처럼 평범한 직장인과는 좀 다르긴 하지 않나요? 전 창의적인 일을 하는 사람들이 참 존경스러워요. 어떻게 아무것도 없는 데서 뭔가를 만들어내는지.

— 자꾸만 딴지를 거는 것 같아 죄송하지만, 예술가들도 절대로 '아무것도 없는 데서' 뭔가를 만들어내지는 못해요. 이것도 아마 부작용 중 하나일 거예요. 예술가들이 무에서 유를 창조한다는 신화요. 그러니까…… 이런, 제가 왜 이렇게 초면에 오지랖을. 마침 요즘 계속 생각하고 있는 주제라 말이 많아졌어요.

그녀는 조금 남아 있던 화이트와인을 들이켰다.

— 아뇨, 아뇨. 예술가들도 그렇다니 오히려 안심이 되는데요. 실례지만 무슨 일을 하시죠? 예술가이신가요?

— 아니에요. 광고 일을 합니다.

— 우와, 창의적인 일을 하시네요.

— 너저분할 정도로 현실적인 일이기도 해요.

나는 맥주를 한 모금 마시고 옅은 한숨을 내쉬며 말했다.

— 그래도 제 입장에서 보면 대단하세요. 요즘 저희 회사에선 '창의성'이 화두거든요. '창의 경영'이다 뭐다 해서 만날 '창의적으로 생각해라' '고정관념을 타파해라' '새로운 해결 방법을 모색해라'……. 저는 배운 대로 일하는 건 잘해왔고 성실한 편이기도 하거든요. 그래서 지금까진 꼬박꼬박 승진도 하고 별문제 없었는데, 이 창의성이란 부분이 말이에요, 하아…… 저한텐 너무 스트레스인 거예요. 책도 읽어보고 사

내 교육도 받아봤는데 저한텐 별로 효과가 없는 것 같아요. 도대체 늘 해오던 일을 어떻게 창의적으로 하라는 겁니까. 제가 창의적인 사람이 아니라서 그렇겠죠. 통통 튀는 젊은 신입 사원들 감각이 저보다 훨씬 나을 텐데.

그녀는 어쩐지 나의 푸념을 반기는 듯했다. 빈 와인 잔을 내려놓더니 한결 단호한 목소리로 말했다.

— 절대로 그렇지 않아요! 광고 회사에서조차 '통통 튀는 젊은 감각'만으로는 별로 쓸모가 없다고요. 저는 오히려 성실함과 진지함 쪽이 더 중요하다고 생각해요. 그런데 그 성실함은 주어진 일을 묵묵히 하는 성실함이 아니라 주어진 일과 때로는 주어지지 않은 일까지도 **다른 각도에서 보려는 성실함**이어야 합니다. 목욕물이 넘치는 걸 보고 "유레카!"를 외친 아르키메데스나, 떨어지는 사과에서 영감을 얻은 뉴턴의 이야기에서도 중요한 건 그들이 각자의 주제에 일정 기간 완전히 몰입해 있었다는 거예요. 그랬기 때문에 늘 일어나는 평범한 사건을 연구 주제와 연관 지어 생각할 수 있었던 거죠. 그들이 성실하게 궁리를 하고 있을 즈음에 마침 그 사건들이 일어났고, 그들의 생각과 자연의 현상이 만나는 순간, 짠! 신비로운

깨달음이 싹튼 겁니다. 그건 신의 번개가 내리쳐서 한순간 어떤 깨달음을 불어넣어주는 것과는 전혀 달라요.

〈미스티〉의 경우도 마찬가지예요. 음악교육을 전혀 받지 못한 사람도 청소기를 돌리다가 갑자기 튀어나온 멜로디를 흥얼거릴 수 있어요. 하지만 곧 사라져버리겠죠. 에롤 가너는 악보를 쓰거나 읽지는 못했지만 직업적인 피아니스트였으니 몸으로 익힌 음악적 지식을 갖추고 있었어요. 그는 비행기 안에서 멜로디가 떠올랐을 때 그게 아주 아름답다는 걸 깨달았겠죠. 그의 음악적 판단력이 작용한 거예요. 그랬기 때문에 흘려버리지 않았죠. 아니 그 이전에, 몸으로 익힌 음악적 전개나 화성에 대한 지식이 있었기 때문에 멜로디를 완전하게 떠올릴 수 있었던 거예요. 사람들은 음악이 본능적인 재능이라고만 생각하는 경향이 있어요. 그랬다면 음악은 지금도 원시음악에 머물러 있을 겁니다. 지식과 능력을 갖추지 않은 사람에게 신이 일방적으로 완벽한 선물 세트를 주는 법은 없어요. 그치만 사람들은 신비스러운 이야기를 좋아하죠. 빌리 코건이 깨려고 한 것도 음악 작업에 대해 사람들이 갖는 환상이었고요.

광고업계에도 환상을 가진 신입 사원들이 계속 들어와요. 틀에 갇히지 않은 아이디어, 엉뚱한 발상이 무기라고 생각하는 그들은 광고에서 '틀'이 뭔지조차 모르기 때문에 결코 틀을 깰 수가 없습니다. 저도 그랬죠. 어떤 분야에서 창의적인 성과를 내려면 일단 어떤 식으로든 성실하고 진지하게 기본을 배워야 해요. 그래야 그걸 다른 각도로 바라볼 수 있습니다. 제가 하려는 말은, 당신은 창의성을 발휘할 준비가 되어 있다는 거예요. 충분히. **창의성은 감각의 문제가 아닙니다. 창의성은 태도의 문제예요.**

나는 어쩐지 박수를 치고 싶었지만 참았다.

— 굉장한 위로가 되는군요.

— 위로가 아니에요. 사람들의 환상과 너저분하게 현실적인 일 사이를 10년 넘게 오가다 보니 알게 된 진실이지.

— 저처럼 창의성을 타고나지 않은 사람도 창의성을 키울 수 있나요?

— 그럼요. 사람들은 창의성이라고 하면 막연히 캔버스에 물

감을 마구 끼얹거나, 기타를 치면서 흘러나오는 대로 노래를 짓거나, 폭풍처럼 글을 써 내려가는 것을 떠올리곤 하죠. 사실 창의성이란 그런 것보다 훨씬, 정말이지 무한히 더 큰 개념인데 말이에요. 그렇기 때문에 특별한 사람에게만 깃드는 능력이 아니에요. 이것도 아까 얘기한 창의성 신화의 부작용이죠. 제가 자꾸만 말이 길어지려고 하는데 괜찮나요?

― 네, 왠지 마음이 편안해지고 있어요.

― 좋아요. 그럼 막 생각나는 대로 말할게요. 지겨워지면 말해줘요.

●

― 천재들이 있지요. 한 사람의 생애가 이루어낸 것이 믿을 수 없을 정도로 엄청나서 경탄을 금치 못하는 사람들이 분명 있어요. 그중 어떤 사람들은 광기와도 관련이 있죠. 정신분열증, 우울증, 요절, 기벽 등등 천재 중에는 잊기 힘든 사연을 가진 사람이 많아요. 바슬라프 니진스키Vatslav Nizhinskii●는 열한 살에 이미 러시아 전역에 이름을 알린 무용 신동이었고, 열여

창의성은

감각의 문제가 아닙니다.

창의성은 _____ 태도의 문제예요.

덟 살엔 평단과 대중의 엄청난 열광과 찬사를 받는 무용가가 되었지만, 스물아홉 살에 정신병 발작을 일으킨 후 30년 동안 요양원을 전전하다 죽었지요. 반 고흐가 왼쪽 귀를 자른 건 또 얼마나 유명한 사건입니까. 고흐는 평생을 정신 질환에 시달리다가 서른일곱 살에 들판에 나가서 권총으로 자기 가슴을 쏘아서 죽었습니다. 수학자, 논리학자 중에도 정신병을 앓은 사람이 많아요. 스물네 살에 '불완전성 정리'를 발표해서 세계적 천재로 알려진 쿠르트 괴델Kurt Gödel**은 말년에 굶어 죽었습니다. 편집증이 심해져서 누군가 독을 넣었을 거란 망상에 음식을 모두 거부했지요. 그가 의자에 앉은 채로 죽었을 땐 체중이 30킬로그램도 채 되지 않았다고 합니다.

확실히 천재성의 어떤 부분은 광기와 밀접한 관련이 있는 듯해요. '광기 어린'이란 말은 고도의 창조적 집중력을 묘사할 때 자주 쓰는 표현이기도 하죠. 그런데 여기서 주의해야 할 것은 '광기'라는 단어예요. '미친' 예술가나 과학자들은 광기에 자신을 내맡긴 사람들이 아니었어요. 그들은 자신의 작업에

• 러시아의 발레 무용수이자 안무가.
•• 오스트리아-헝가리 제국 출신의 수학자이자 논리학자.

진지하게 몰두하고 더 나은 선택을 하기 위해 노력한 사람들이었죠.

'기벽' 하면 빼놓을 수 없는 글렌 굴드Glenn Gould•는 어떻습니까? 한여름에도 땀을 뻘뻘 흘리면서 장갑을 끼고, 연주를 할 때마다 고무 다리로 된 낮은 의자를 갖고 다니고, 그 수많은 알약통에, 연주 도중 하는 그 유명한 허밍에……. 그런데《글렌 굴드, 나는 결코 괴짜가 아니다》라는 인터뷰집도 나와 있는 거 아세요? 거기서 그는 자신의 기벽에 대한 소문은 명백히 과장되어 있다고 했죠. 장갑을 끼고 다니는 건 손에 특히 혈액순환이 안 되기 때문이다, 의자를 갖고 다니는 건 다른 피아니스트보다 20센티미터 낮은 자세로 연주하는 방식을 고수하기 때문이다, 그리고…… 알약으로 가득 찬 슈트케이스를 갖고 다닌다는 소문은 절대 사실이 아니라고 했어요. 기껏해야 007가방 정도밖에 안 된다며.

— 하하하.

• 캐나다의 피아니스트.

— 그런 기벽과 가십 뒤로 굴드가 얼마나 논리적이고 유창한 말로 쇼팽과 바흐에 대해 자기 생각을 얘기하곤 했는지는 가려져버려요. 그가 그렇게 변명 아닌 변명을 한 것도 음악에 대한 자신의 진지한 노력과 이성적 판단력이 무시되는 게 싫었기 때문 아닐까요? 대중은 그를 본능과 그날의 기분 같은 것에 따라 즉흥적으로 움직였던 사람처럼 생각해요. 실상은 그렇지 않았습니다. 그는 철저하고 이성적인 예술가이기도 했어요.

〈반지의 제왕〉의 피터 잭슨 감독이 옛날에 만든 컬트 영화 〈천상의 피조물들〉에서 10대 소녀 역의 케이트 윈즐릿은 이런 대사를 내뱉죠. "모든 훌륭한 사람은 뼈나 폐에 병이 있어. 정말이지 끔찍하게 로맨틱해." 질병이나 광기가 깃든 천재성이란 다분히 낭만적인 주제입니다. 대중은 그걸 끝없이 신화화하고 소비하는 데 지치는 법이 없어요.

요절은 낭만적 천재 신화의 정점이죠. '27클럽'을 아시나요? 스물일곱 살에 죽은 뮤지션들의 클럽이에요. 지미 헨드릭스Jimi Hendrix,* 재니스 조플린Janis Joplin,** 짐 모리슨Jim Morrison,*** 커트 코베인Kurt Cobain****에 이어 얼마 전엔 에이미 와인하우스Amy Winehouse*****가 이 클럽에 합류했습니다. 어떤 아름다움은 위태로움에서 비롯되는 것이어서, 우울증이나 약물중독은 그들의 음악에 어떤 영향을 드리우고 독특한 아름다움을 빚어내기도 했지만, 결국에는 목숨까지 앗아갔지요. 커트 코베인은 유서에 이런 말을 남겼습니다. "서서히 사라지기보다는 한순간 불타버리는 게 낫다It's better to burn out than to fade away."

그들의 죽음은 27이라는 숫자와 함께 비극적 신화성을 띠게 되죠. 이렇게 '천재들은 스물일곱 살에 죽는다'는 신화는 점점 더 강화됩니다.

우리가 '어른스럽게' 천재 신화를 바라본다면 그들의 고뇌와 죽음에 안타까움을 느끼면서, 그들이 이룩해놓은 것에 경외감을 갖고 순수한 집중력과 진지함을 본받으려 노력하는 게 맞겠죠. 하지만 사람들은 천재 신화를 낭만적으로 바라보기

• 미국의 기타리스트이자 싱어송라이터. 수면제 과다 복용으로 27세에 사망했다.
•• 미국의 싱어송라이터. 헤로인 과다 복용으로 27세에 사망했다.
••• 미국의 가수이자 시인, 작곡가, 작가, 영화감독. 27세에 마약 과다 복용으로 인한 심장마비로 사망했다.
•••• 미국의 싱어송라이터. 록밴드 너바나의 프런트 맨. 27세에 자살했다.
••••• 영국의 싱어송라이터. 약물 과다 복용으로 27세에 사망했다.

를 좋아합니다. 그리고 어떤 사람들은 진지함과 성실함보다는 오히려 광기와 기벽을 흉내 내려 들기도 하죠. 스스로 창의적 인간의 예민함을 표방하고 자신의 남다름을 강조하는 사람들은 대부분 재주는 평범한데, 그냥 성격이 별로 안 좋은 경우가 많습니다. 천재성은 드러나는 것이지 드러내는 게 아니에요. 그리고 미친 천재도 많지만 미치지 않고 무병장수한 겸손한 천재가 더 많았고, 진정으로 창의적이면서도 자신을 드러내지 않는 무수한 사람이 우리 주위에 가득합니다.

천재들이 작업을 쉽게 해내는 것처럼 보인다면, 그건 비범한 집중력으로 유·무형의 지식을 빨리 흡수하고 유연하게 사고했기 때문이에요. 그들은 하늘에서 사과가 떨어지기를 기다리는 사람들이 아니었어요. 마지막 한 방울이 물을 넘치게 하는 것처럼, 지식과 생각이 꽉 차 있을 때 우연한 자극이 다가왔을 뿐이죠. 그렇다면 우리가 천재의 삶에서 배워야 할 점은 사과가 떨어지기를 기다릴 게 아니라, 사과의 의미를 알아차릴 수 있게 준비해야 한다는 것이 아닐까요? 그러니 자기 일의 기본을 성실하게 배워온 당신 같은 사람이라면 이제 창의성의 자세도 훌륭히 자기 것으로 만들 수 있을 거라고 믿어요. 창의성은 신으로부터 선택받은 특별한 소수만의 전유물이 결코 아니에요. 말했죠? 창의성은 하나의 태도라고요.

— 고, 고맙습니다. 그럼 그게 어떤 태도인지 말씀해주실 수 있나요? 어떻게 해야 제가 창의성을 기를 수 있는지도요.

오지랖을 공식적으로 허락받은 그녀는 대단히 확신에 찬 어조로 말했다.

— 일단 우리가 지금부터 할 이야기는 미치거나 요절하지 않고서도 충분히 해낼 수 있는 정도이니 안심하세요. 모든 사람은 창의성의 가능성을 가지고 있어요. 그건 마치 사랑할 수 있는 능력과도 같아요. 우리는 영화나 소설에 나오는 거창하고 드라마틱한 사랑 이야기를 좋아하지만, 우리 스스로도 소박한 방식으로 누군가를 충분히 사랑할 수 있다는 걸 알잖아요. 할머니는 손주를 사랑하고, 초등학생은 짝꿍을 사랑하고, 팬은 아이돌을 사랑하고, 연인들은 서로를 사랑하죠. 친구를 사랑하고, 강아지를 사랑하고, 맥주를, 음악을, 지구를 사랑할 수도 있어요. 사랑이 위대하고 고귀한 힘임을 알고 있으면서, 우리 스스로가 그 힘의 일원이자 발생지임도 잘 알고 있는 거예요.

그런데 사랑만큼이나 인류의 중요한 힘이고 근간인 창의성은 왜 우리 모두가 나눠 갖지 못하는 무언가가 되어 있을까요? 어째서 우리는 누구나 창의성을 발휘할 수 있다는 생각은 쉽게 하지 못하는 걸까요? 누구나 창의적이 될 수 있습니다. 누구나 사랑할 수 있는 것과 마찬가지로.

그녀는 빈 와인 잔을 내려다보고는 말했다.

— 얘기가 꽤 길어질 것 같은데 괜찮을까요?

— 물론입니다.

우리는 술을 한 잔씩 더 시켰다.

벽돌
같은
단어

2 ___ 잔

그녀는 살짝 들뜬 미소를 띠고 황이 잘 닦인 잔에 화이트와인을 따르는 걸 지켜보았다. 그녀는 와인을 한 모금 마시고 나서 흡족한 표정을 짓더니 고개를 돌려 나를 똑바로 쳐다보았다. 눈이 반짝였다.

— 갑자기 좋은 아이디어가 떠올랐을 때 만국 공통의 기호는 전구에 불이 띵 들어오는 거지요? 어둡고 막막하던 곳이 확 밝아지는 느낌! 마법 같은 순간이죠. 선물을 받은 것처럼 행복하고. 그런데 생각해보세요. 그 전구를 밝힌 전류는 도대체 어디서 오는 걸까요?

— 네? 전구에 불이 켜지는 건 그냥 상징 아닌가요?

— 물론 상징이죠. 그래도 대답해보세요.

— 음, 영감……의 에너지?

— 그럼 이번엔 가물가물한 누군가의 이름을 떠올릴 때를 생각해보세요. 'ㅈ'이 들어갔던 것 같기도 하고…… 얼굴은 기억이 나는데 이름이…… 생각날 듯 말 듯 하면서 혀끝을 맴돌

아요. 그러다가 '딱!' 하고 생각날 때의 느낌을 떠올려보세요. '아, 기억났다!' 할 때에도 전구가 켜지는 것과 비슷한 느낌이 들죠. 그럼 이때 전구를 밝힌 전류는 어디서 온 걸까요?

— 글쎄요.

— 그 이름이 나에게서 밖으로 빠져나가 허공에 돌아다니다 어떤 계기를 통해 다시 내 안으로 쏙 들어온 걸까요? 아님 내 안 어딘가에 입력되어 돌아다니고 있는데 물속을 헤집을 때처럼 잘 잡히지 않다가 탁 낚아채진 걸까요?

— 후자겠지요.

— 맞아요. 그러니 밖에서 들어온 전류가 아니라 안에서 자가발전된 전류가 그 전구를 켠 거예요. 이름을 기억해내는 것도, 아이디어를 떠올리는 것도 내 안에서 전구를 켜는 것임을 알아야 합니다. 밖에서 대단한 영감이나 자극을 받더라도 그건 일종의 촉매일 뿐이에요. 그 영감을 접한 내 안에서 무언가가 스파크를 일으켰기 때문에 전구가 켜지는 겁니다. 그러니 내 안에 전류를 일으킬 무언가가 들어 있지 않으면 어떤

영감이나 자극도 전구에 불을 켤 수 없어요.

그건 마치 봄이 오고 비가 내리면 씨앗이 톡, 하고 싹트는 것과도 비슷해요. 아무리 조건이 갖춰져도 흙 속에 씨앗이 있어야 싹이 트지 않겠어요? 사람들 속에는 씨앗이 유영하듯 떠돌고 있어요. 기억이 생생히 나는 씨앗도 있고 내 안에 들어와 있는지조차 알지 못하는 씨앗도 있어요. 그런 말이 있죠. "무의식은 모든 것을 기억한다." 우리의 거대한 무의식의 공간 안에도 온갖 씨앗이 돌아다니고 있습니다. 언젠가 그 씨앗들이 어떤 자극으로 인해 부딪치거나 서로 교류를 일으키면 아이디어의 싹을 틔워낼 수도 있어요.

예전에 이런 뉴스를 봤어요. 어느 유적 발굴 현장에서 오래된 연꽃 씨앗들을 발견했대요. 그걸 옮겨 심었더니 그중에 세 개가 꽃을 피웠다는 거예요. 탄소 측정을 해봤더니 700년이나 된, 그러니까 고려 시대의 연꽃 씨앗이었대요! 너무 놀랍고 아름다운 얘기 아닌가요? 700년 동안이나 씨앗 상태로 웅크리고 있다가 조건이 알맞게 갖춰지니까 비로소 싹을 틔우고 꽃까지 피워냈다니.•

그녀는 그린올리브 하나를 손가락으로 집어 들었다.

— 씨앗 자체로는 아무것도 아닌지도 모르죠. 하지만 **씨앗은 가능성을 품고 있어요.**

그녀는 올리브를 입에 넣고 우물거렸다. 나는 아몬드 한 알을 씹으며 씨앗이 가능성을 품고 있다는 말을 곱씹어보았다. 일단 이 씨앗은 고소했다.

— 불경에는 "겨자씨 안에 수미산이 들어 있다"는 말이 있대요. 씨앗에는 무궁무진한 가능성이 들어 있어요. 우리 안에 들어와 있는 씨앗들이 어떻게 싹터서 어떤 아이디어로 자라날지는 알 수 없습니다.
그럼 우리 안에서 돌아다닐 씨앗이 되는 것들은 대체 뭘까요? 아, 그 얘기를 하려면 먼저 용어를 정리해야 해요.

그녀는 양손으로 머리를 한 번 쓸어 올리고는 귀 뒤로 머리카락을 넘긴 후 말을 이었다.

• 2009년 경남 함안 성산산성 유적지의 저수 시설 내에서 연꽃 씨앗이 발견되었다. 피어난 연꽃은 요즘 연꽃보다 꽃잎 길이가 길고 색깔도 달랐는데, 고려 시대 탱화에 그려진 연꽃과 같은 모양이었다. 이 연꽃에는 가야 시대 함안 지역의 나라 이름인 '아라가야'에서 따온 '아라홍련'이라는 이름이 붙었다.

— 저는요, 커다란 말로는 아무것도 할 수 없다고 생각해요. 창의성을 키우라면서 내놓는 조언들을 생각해보세요. "모든 것에 호기심을 가져라" "발칙한 상상력으로 도전해라" "미래는 꿈꾸는 자의 것이다" "창의력으로 세상을 뒤집어라"……. 틀린 말은 아닐지도 몰라요. 하지만 공허하죠. 손에 잡히지도, 눈에 보이지도 않아요. 이렇게 말하는 사람들에겐 질문을 던져야 해요. "도대체 어떻게요?" 또는 "그러려면 뭘 해야 하죠?"라고. 그러면 대부분은 아무 대답도 못 할 거예요. 자기도 무슨 말을 하고 있는지 정확히 모르기 때문입니다. 거창한 말은 아무것도 바꾸지 못해요. 학교 담장에 '학원 폭력을 근절합시다!'라는 플래카드를 건다고 해서 폭력이 근절되는 게 아니잖아요.

— 맞아요. 창의성에 대한 화두들은 제겐 너무 막막해요.

— 애초에 '창의성'이란 말 자체가 너무 거창한지도 몰라요. 창의성, 창조성은 영어로 '크리에이티비티creativity'죠. 저처럼 광고 제작 파트에 있는 사람은 크리에이티브creative를 담당한다고 하고, 크리에이터creator라고 부릅니다. 크리에이터의 C를 대문자로 쓰면 영어에서 '창조주Creator'를 뜻하는 말

앞으로는 창의성 대신

아이디어라는 단어를 많이 써보세요.

단지 그것만으로도 우리의 태도는 많이 달라집니다.

이기도 하죠. 아니, 생각해보세요. 세상에 어느 인간이 이토록 무거운 직함을 달고 질식하지 않은 채 일할 수 있을까요? 일개 인간인 내가 무려 창조주와 같은 직종에서 일한다는데. 그분은 무無에서 "빛이 있으라" 하셨던 분이잖아요. 창조라는 건 세상에 없던 걸 처음으로 만들어낸다는 뜻입니다. 창조주가 아닌 다음에야 그게 정말로 가능할까요. 태양 아래 새로운 건 없다는데 말이죠.

거창한 말로는 아무것도 할 수 없기 때문에 저는 이 말을 손에 쥘 수 있는 단어로 대체해서 생각합니다. 말을 단단히 틀어쥐고 지배해야 해요. 안 그럼 우리가 말에 끌려가니까요. 거창하지 않고, 소박하면서도 단단해서 우리가 마음대로 가져다 쓸 수 있는, 벽돌과도 같은 단어가 필요해요. 그게 가장 중요해요. 그러면 우린 다가갈 수 있어요.

— 어디에요?

— 실체에.

그녀는 와인을 홀짝인 후 비밀 얘기를 하듯 어깨를 살짝 움츠리고 말했다.

— 그게 무슨 단어냐면요.

— 뭔데요?

— 아이디어.

— …….

— 아이디어라고요.

— 그게 다예요?

— 네, 아이디어.

아이디어? 그거야말로 진부하고 식상한 단어 아닌가? 닳고 닳은, 발에 채이는 돌멩이처럼 흔하게 널린 단어 아닌가?

— 아이디어는…… 너무 흔한 말 아닌가요? 하나도 새로울 게 없어요.

그녀는 낮고 조금 거룩한 목소리로 말했다.

— 아이디어는 완벽한 단어예요. 창의성, 크리에이티비티처럼 모호하기만 한 단어가 아닙니다. 창의성이란 말은 결과물 전체에 깃들어 있는, 연기처럼 손에 잡히지 않는 무언가 같지 않아요? 아이디어는 안 그래요. 거대하고 눈에 보이지 않는 구조도 아이디어라고 부를 수 있지만, 동시에 아주 사소한 행동이나 생각도 아이디어라고 부를 수 있죠.
어깨를 툭 치며 "거 좋은 아이디어네"라고 말하는 건 자연스럽지만 "넌 참 창의적이야"라고 말하는 건 어딘지 유난스럽지 않나요? 게다가, 아이디어는 쉽게 주고받을 수 있어요. 누군가의 아이디어를 가져와서 내 작업에 쓸 수도 있고, 내 아이디어를 빌려줄 수도 있어요. 아이디어와 아이디어를 결합할 수도 있고, 쪼갤 수도 있지요. 창의성이란 단어는 그렇게 쓸 수 없어요. 창의성은 그 사람이 가진 고유의 인성처럼 느껴지기 때문에 쉽게 주고받거나 결합하고 쪼갤 수가 없습니다. 이건 중요한 차이예요.

아이디어란 말은 벽돌처럼 쓸 수 있어요. 아이디어들을 쌓아서 다리를 놓을 수도 있고, 집을 지을 수도 있죠. 하지만 하나

하나의 아이디어 벽돌은 다리도 아니고 집도 아니에요. 그 벽돌로 완전히 다른 걸 만들 수도 있죠. 게다가 완성된 다리나 집 전체를 아이디어라고 부를 수도 있어요. 정말 쓰임새가 많고 유리한 단어입니다. 앞으로는 창의성 대신 아이디어라는 단어를 많이 써보세요. 단지 그것만으로도 우리의 태도는 많이 달라집니다.

　　'아이디어'가 완벽한 단어라는 그녀의 말이 정확히 무엇을 의미하는지는 알 수 없었지만, 그녀가 벽돌처럼 단단한 확신을 갖고 있다는 건 느껴졌다. 황이 조그만 접시에 담긴 올리브를 더 내어주었다. 그걸 보자 그녀는 생각났다는 듯 말했다.

— 아, 씨앗! 씨앗 얘기를 해야죠. 용어 정리는 되었나요? 거창한 구호나 단어로는 아무것도 할 수 없다. 아이디어라는 구체적인 말을 사용하자.

　　나는 맥주를 들이켜며 고개를 끄덕였다.

— 자, 이제 우리 안에 씨앗을 입력하는 방법을 이야기할게요.

씨앗을 받아들이는 방법은 간단합니다. 우리가 겪는 모든 것에서 창의성이 아닌 '아이디어'를 찾아내보는 거예요. 아주 사소한 것들을 발견하는 걸로 시작해봅시다. '창의성'이라는 거창한 말을 쓰기엔 어딘지 어색한 것들요. 그게 정말 좋은 훈련이 돼요.

나뭇잎을 주워 햇빛에 비춰보면 잎맥이 보이죠. 이때 잎맥은 희한하게도 나무 모양으로 생겼어요. 커다란 나무의 가지를 일부분 잘라놓으면 잘린 가지도 작은 나무 모양을 하고 있습니다. 그러니까 아무리 작은 부분도, 전체와 같은 구조를 하고 있다는 거예요. 아이디어도 이와 같아요. 아무리 하찮고 작은 아이디어도, 아무리 위대하고 엄청난 아이디어도 사실은 구조가 비슷해요. 그러니 작은 아이디어도 위대한 것이고, 위대한 아이디어도 작은 부분들로 이루어진 것이죠. 풀이나 나뭇잎 하나도 아이디어이고, 커다란 아름드리나무도 아이디어이고, 나무가 모여 숲을 이루면 그 숲도 아이디어인 거예요.

＿ '아이디어 프랙탈fractal* 이론'이네요.

* 작은 구조가 전체 구조와 비슷한 형태로 끝없이 되풀이되는 구조.

─ 맞아요. 바로 그거예요.

그녀는 올리브를 하나 집어 들고 말을 이었다.

─ 우리가 일상생활에서 만나는 반짝이는 아이디어들이 있죠. 크고 작은 아이디어는 모두 반짝여요. 스파크가 일어나는 거죠. 우리가 반짝임을 발견하는 순간, 그건 우리 안에 들어와 씨앗이 됩니다. 간단하죠? 발견만 하면 돼요. 그러면 그 아이디어 씨앗들은 우리 안의 어딘가를 떠돌다가 싹틀 조건이 되면 싹을 틔웁니다. 어떻게 그런 신비한 일이 일어나는지는 몰라요. 700년 된 연꽃 씨앗이 꽃을 피우는 것처럼 아이디어는 그렇게 싹을 틔우고 자라납니다.
처음엔 잘 안 보일 거예요. 하지만 방법을 익히면 점점 더 많은 반짝임이 보일 거예요. 밤하늘의 별을 볼 때와 비슷하죠. "창의성으로 세상을 뒤집어라!" 같은 거창한 구호는 조잡하게 번쩍거리는 네온사인과도 같아요. 정말로 아름다운 빛을 오히려 보지 못하게 하고 우리의 시야를 방해하죠. 그러니 머릿속에서 그런 네온사인을 꺼버리라는 겁니다. 그리고 반짝임들은 밤하늘처럼 먼 곳에 있는 게 아니에요. 아주 가까운 곳에, 바로 우리 주변에 가득해요.

반짝임을 발견하면 할수록 우리 안의 씨앗들은 더 활발하게 움직입니다. 땅으로 치면 비옥해지는 거죠. 활발하게 움직일수록 서로 부딪치고 섞이며 싹트고 자라날 확률이 높아지니까요. 모두의 경험은 다릅니다. 다른 사람을 만나고, 다른 음식을 먹고, 다른 여행을 가고, 다른 책을 읽죠. 각자의 삶에서 끊임없이 크고 작은 반짝임을 발견하고 그걸 따라가면 자신만의 창의성의 세계로 어느새 들어서 있게 될 거예요. 물론 그곳으로 우리를 안내하는 것은 손에 쥘 수 있는 벽돌 같은 단어, 아이디어입니다.

우리는 술을 한 잔씩 더 시켰다.

작은
반짝임들

3 ___ 잔

― 논현동 영동시장 건너편, 반포동 초입의 구불구불 좁은 골목길에 '□□분식'이라는 분식집이 있어요. 냄비우동과 김밥이 맛있는 곳인데 입구가 콧구멍만 하고 복도식으로 좁고 길게 생겼습니다. 주문을 하면 주인아저씨가 음식을 만드는 동안 아주머니는 높은 곳에 달린 조그만 텔레비전을 보며 기다리세요. 종종 크게 웃기도 하면서. 음식이 나오면 아주머니가 손님에게 내주시죠. 두 분 다 불필요한 말은 하지 않고 과히 친절하지도 불친절하지도 않은 편안한 분들이에요. 테이블은 좁은 복도 양편으로 벽에 바짝 붙어 있어요. 가운데로 쟁반을 든 아주머니와 다른 손님들이 지나다닐 수 있는 공간이 확보되어야 하기 때문이죠. 여러모로 작고 좁은 집이에요. 둘이 갔을 땐 아무 문제가 없었죠.

어느 날 넷이 가서 주문을 해놓고 어깨를 다닥다닥 붙이고 앉아 있는데 주인아주머니가 텔레비전으로부터 시선을 거두고 우리에게 다가오더니, 벽에 붙은 간장·고춧가루·식초병들을 5센티미터가량 안쪽으로 옮겨놓으시는 거예요. '양념병을 옮기는 것과 냄비우동 사이에 무슨 연관이 있을까?' 하고 잠시 생각하는데 아주머니가 테이블 끝을 잡더니 테이블 전체를 10센티미터가량 벽에서 떼어놓으셨어요. 그러더니 말씀하셨죠. "이러면 좀 낫지."

갑자기 그녀는 황에게 냅킨과 볼펜을 달라고 하더니 그림을
그리기 시작했다.

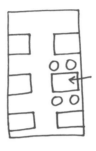

— 무슨 말이냐 하면, 네 명이 수저질을 할 때 절대 공간이
확보되지 않으면 팔꿈치가 옆사람의 어깨와 부딪쳐서 면 가
락이 바짓가랑이로 떨어지거나 국물을 입이 아닌 뺨에 붓게
되곤 하잖아요. 그런데 아주머니가 테이블을 벽에서 떼어놓
아 10센티미터만큼의 여유 공간을 우리에게 제공해주신 거
죠. 그렇게 하니 확실히 낫더라고요.
주차 공간에서도 10센티미터 차이가 그렇게 크다더니, 사람
이 움직이는 품에서 10센티미터의 여유란 생각보다 훨씬 컸
어요. 벽에 기대어 있던 양념병이 떨어지지 말라고 안쪽으로
미리 당겨두는 걸로 짐작할 수 있듯이, 세 명 이상이 가면 항

상 그렇게 테이블을 옮겨주시죠.

　나는 희미하게 고개를 끄덕였다.

—　아무것도 아닌 사소한 일에 호들갑을 떠는 듯 보일지도 몰라요. 하지만 이건 대단히 훌륭한, 흠잡을 데 없는 아이디어예요. 보통의 식당 주인이라면 이렇게 생각했겠죠. '이렇게 좁은 테이블에 셋 이상이 앉으려면 불편할 거야. 하지만 더 큰 테이블을 놓자니 가운데 복도가 너무 좁아져서 안 되고, 더 작은 2인용 테이블을 놓자니 앉을 자리가 너무 적어져서 안 돼. 돈을 많이 벌어서 넓은 가게를 얻든가 해야지 원.' 이건 고정관념이죠. 대부분의 사람이 어쩔 수 없다고 생각하고 아쉬워만 합니다. 하지만 여기서 반포동 □□분식 아주머니는 중요한 한 걸음을 뗀 거예요. 자본의 부족과 여건을 탓하며 손님에게 불편을 감수하도록 두지 않고, 자기 안에서 더 나은 해결책을 도출해낸 거죠. 자, 결과를 보세요. 무언가를 가져와서 덧댄다든가 하는 번거로움도 없고, 테이블 하나가 10센티미터가량 돌출한다고 해서 복도의 통행에 크게 방해가 되지도 않죠. 비용이 더 든 것도 아니에요. 심플하고 우아한 아이디어입니다. 어떤 사람은 이걸 두고 '배려'라고 할

지도 모르겠어요. 나는 이것을 '**아이디어**'라고 부르겠습니다.

신기한 발명품이 있지도 않고 세상이 놀랄 만한 발상의 전환이 있는 것도 아니지만, □□분식 아주머니가 생각해낸 해결책에는 어떤 반짝임이 있어요. 세상이 다 주목하는 눈부시고 대단한 성과물에 비하면 아주 미미한 것일지 모르지만, 그것이 반짝인다는 사실엔 조금도 변함이 없죠. 하지만 여기에 '창의성'이란 말을 붙이는 건 어색해요. 왜냐하면 너무도 평범하고 소박한 분식집에서 아주머니가 테이블을 10센티미터 옮기는 걸 두고 '창의적이다, 크리에이티브하다'라는 말을 붙이는 건 과하게 느껴지기 때문이죠. 하지만 아이디어라는 말은 가능해요. 벽돌 같은 단어라고요.

●

─ 언젠가 친구 김 피디와 제가 신사동에서 회의를 마치고 나온 참이었습니다. 하늘은 푸르고 햇빛은 눈부시고 살짝 더운 듯하지만 바람은 시원한 초가을날이었죠. 오랜만에 만난 거라 그냥 헤어지긴 아쉬웠어요. 나란히 걸어가다 제가 말했죠.

"맥주나 한잔할까?"

"좋지."

김 피디가 대답하곤 우린 계속 걸었어요. 30미터 앞에 둘이 잘 가는 ○○호프가 있었어요. 별다른 변수가 없는 한 우리는 그리로 가겠지요. 걸어가던 우린 잠시 말이 없어졌어요. 맥줏집에 들어가기엔 너무도 좋은 날씨가 아까워서 그냥 더 걷고 싶었던 거였는지도 몰라요. 동시에 긴 회의를 마치고 나온 터라 시원한 맥주 한잔이 꼭 마시고 싶기도 한 거예요. 저는 머릿속으로 근처에 괜찮은 테라스 술집이 있는지 떠올려봤습니다. 그렇게 미묘한 갈등을 느끼던 가운데 ○○호프 간판이 5미터 앞으로 다가왔을 즈음, 김 피디가 툭 내뱉었죠.

"우리 한강 가서 캔 맥주 마실까?"

"오! 좋아!"

제가 반색했죠. 우린 신사동에 있었으니 한강이 지척이라 바로 갈 수 있었던 거예요.

①한강에는 캔 맥주도 팔고 ②오늘은 날씨도 좋으며 ③산책도 할 수 있고 ④아직은 해가 길어 한참은 밝을 것이고 ⑤이제는 모기도 없다.

여러 정황을 따져봐도, 좋은 **아이디어**였죠.

자, 김 피디의 사고 회로를 따라가봅시다.

맥주를 마시고 싶다 ⇨ 눈앞에 다가오고 있는 건 항상 좋아하던 ○○호프다. 하지만 오늘은 어쩐지 지붕 있는 맥줏집에 들어가긴 싫다 ⇨ 날씨를 즐기면서 맥주를 마시려면 어디로 가야 할까? ⇨ 아, 한강이 가깝지! 거긴 캔 맥주도 있다!

여기서 ○○호프란 곳은 지금껏 당연한 해결책이었어요. 하지만 '너무도 좋은 날씨'라는 변수 때문에 둘 다 뭔가 ○○호프로 해결할 수 없는 문제점을 느낀 거예요. 그래도 ○○호프로 들어간다면, 그것은 비약적으로 말하자면 환경이 달라졌는데도 고정관념을 따른 것과 같죠. 그 친구는 더 나은 곳을 물색했고, 날씨를 실컷 즐기면서도 맥주를 마실 수 있는 다른 공간으로 생각을 전환한 거예요.

사실 걸핏하면 있는 일이죠. "여기 말고 거기 어때?" 같은 건 말이에요. 하지만 그렇다고 해서 반짝이지 않는 건 아니에요. 그게 구성원에게 "오, 그게 더 나은데!"를 이끌어내었다면 말입니다. 어떤 사람은 이것을 '센스'라고 부를 수도 있겠죠. 나는 이것을 '아이디어'라고 부르겠습니다.

●

―― 이건 부천에서 있었던 일이에요. 친구의 오피스텔에 들를

일이 있어 도로변에 차를 세워놓고 몇 시간 있다가 돌아와 보니 제 차에 알록달록한 명함과 전단지들이 수도 없이 끼워져 있더라고요. 근처에 대규모 유흥가가 있어서인지 나이트클럽 웨이터 명함과 수상쩍은 마사지 숍 광고, 식당 메뉴가 인쇄된 전단지 등등이 어지러웠습니다.

제대로 들여다보지도 않고 불쾌해하며 뽑아내 버리던 중 앞 유리 와이퍼에 단정하게 끼워진 가로 10센티미터, 세로 8센티미터 정도의 흰색 종이가 눈에 들어왔어요. 코팅지가 아니라 일반 A4 용지 같은 재질에 검은색으로 글자가 인쇄되어 있었죠. 순간적으로 첫 문장을 읽었어요.

"죄송합니다. 잠시만요……."

응? 이게 뭐지? 뭔지는 모르겠지만 알록달록 아무렇게나 내 차에 무례하게 꽂아놓은 다른 전단지와는 달리 단정한 예의를 갖추고 내 시간을 뺏는 것에 대해 양해를 구하고 있잖아요. 나도 모르게 종이를 꺼내 들어 나머지를 읽었습니다.

　　죄송합니다. 잠시만요…….
　　선생님의 차량이 맘에 듭니다.
　　제가 사고 싶어서 이 글을 남깁니다.
　　당장이 아니라도 좋습니다.

언제라도 파신다면 바로 매입하겠습니다.

꼭 한번 연락 주십시오.

전화 기다리겠습니다.

선생님, 차량 가격이라도 문의해보세요!

성실히 열심히 하고픈 자동차 딜러 조○○

010-6665-XXXX

하! 중고차 딜러의 광고지였던 거예요. 제 차는 8년쯤 되어서 이곳저곳에 낡아가는 흔적이 있었으니 타깃이 되었나 보죠. 저는 차를 팔 마음이 없었고 서울이 아닌 부천까지 가서 차를 팔 마음은 더더욱 없었지만, 그 종이를 집에 갖고 와서 스크랩해뒀습니다. 부천의 중고차 딜러 조 모 씨의 아이디어는 달랐던 거예요. 제 차에 끼워진 많은 전단지들은 눈길 한 번 받지 못하고 순식간에 뽑혀 버려졌지만 조 모 씨의 소박한 종이는 서울까지 와서 안착한 거죠.

노상에 세워둔 차에 홍보물을 꽂아두는 방법이 얼마나 효과가 있으며 얼마나 불쾌한 것인지는 여기서 논외로 합시다. 보통의 중고차 딜러가 노상에 세워둔 차에 홍보물을 꽂아야겠다고 생각했을 때 선택하는 보편적 방법은 뭘까요? "중고차

상담 환영합니다. 딜러 XXX"라고 적힌 명함을 꽂는 거예요.
부천의 조 모 씨는 다르게 생각했어요. 차에서 이걸 뽑아들
차 주인의 입장을 상상한 거죠. 허락도 없이 자기 차에 꽂힌
광고지를 보면 일단 짜증이 나겠죠? 조 모 씨는 일단 그것에
대해 양해부터 구했습니다. 흰 종이에 검정 글씨로 쓰인 "죄
송합니다. 잠시만요……"는 적어도 저라는 한 사람의 잠재 고
객에게 정확히 가닿은 거예요. 조 모 씨의 생각은 광고 회사
에서 일하는 대부분의 크리에이터보다도 나았습니다. 누군
가는 이걸 '차별화'라고 부를 거예요. 나는 이것을 '아이디어'
라고 부르겠습니다.

—　몇 년 전 다니던 회사에는 독일계 한국인 인턴 사원이 있었어요. 갈색 머리카락과 밝은 눈 색깔 때문에 외국인 같기도 하고 한국인 같기도 한, 묘한 매력이 있는 친구였죠. 한국말이 유창하지는 않았어요. 하루는 그 친구가 샌드위치를 싸왔다며 저한테 한 조각 주는 거예요. 빵 사이에 두껍고 단단한 치즈가 들어 있는 담백한 샌드위치였는데 깔끔하고 맛있었습니다. 그런데 먹다 보니 입안에 살짝 매콤한 맛이 감도는 거예요. 베어 문 곳을 보니 흰 치즈 위에 빨간 점 같은 게 있었어요. "이게 뭐죠? 매콤한 맛이 여기서 나는 것 같은데, 그래서 더 맛있어요"라고 말했더니, 그 친구는 갈색 눈을 크게 뜨며 그걸 왜 모르냐는 듯 말했어요.

"고춧가루잖아요."

맞다! 그건 고춧가루였죠. 빨간 점 같은데 매콤한 것.

고춧가루 외에 뭐겠어요? 다만 저는 그때까지 치즈가 든 샌드위치에 고춧가루를 뿌려도 된다고는 상상해본 적이 없던 겁니다.

"어떻게 치즈에 고춧가루를 뿌릴 생각을 했죠? 이건 멋진 아이디어예요!"라는 내 말에 그 친구는 대답했어요.

저와 마주쳤던 지점에서 그들의 선택은 분명 반짝였고,

그 순간의 반짝임을 아이디어라 부를 수 있는 거죠.

내가 그걸 발견하고 '아이디어'라고 호명하는 순간

내게 '씨앗'이 되어서 들어오는 거예요.

"샌드위치에 어떤 시즈닝seasoning을 쓸까 하다가 고춧가루가 보여서 뿌린 것뿐이에요. 고춧가루도 시즈닝이니까."

요즘에야 매운 음식 위에 치즈를 잔뜩 뿌려 먹는 게 '한식'이라고 불릴 정도이고, 온갖 나라의 갖은 식재료를 이리저리 조합하는 게 그리 새로울 일도 아니겠지만, 저는 그때 머리를 한 방 맞은 것 같았어요. 머릿속에 고춧가루는 김치, 매운탕, 젓갈, 파무침과 함께 묶어두고 치즈는 빵, 피자, 와인, 올리브 세계의 일원으로 붙박아둔 건 나의 고정관념이었어요. 문화사와 식습관 때문에 고춧가루를 치즈에 뿌릴 수 없게끔 장벽으로 가로막아둔 거죠. 하지만 머릿속 장벽이 태생적으로 낮은 그 친구는 자유롭게 두 세계를 '맛'이라는 하나의 언어로 오갔어요. 그건 훨씬 더 많은 가능성을 품고 있었죠. 누군가는 이걸 '퓨전'이라고 부를지도 모르겠어요. 나는 이것을 '아이디어'라고 부르겠습니다.

나는 이제 조금 더 분명하게 고개를 끄덕였다. 그녀는 긴 연설 후 마른 목을 와인으로 축였다.

— 이건 다 제가 일상에서 마주친 작은 일들이에요. □□분

식 아주머니, 김 피디, 중고차 딜러 조 모 씨, 독일계 인턴 사원 모두, 창의력을 업으로 삼는 사람들도 아니고 '세상에 없던 걸 보여주마'라고 생각한 사람들도 아니에요. 다만 아주 사소한 차이, '이게 좀 더 낫다'고 느끼는 어떤 상태를 만들려고 한 사람들이죠. 식탁을 당겨 편히 식사를 하게 해주든, 날씨와 맥주를 동시에 즐길 방안을 찾든, 수많은 전단지 사이에서 자기 것을 보게 만들든, 고춧가루로 치즈의 맛을 매콤하고 깔끔하게 마무리하든 말이에요. 천재와도 한참 거리가 멀죠. 소박하고 평범한 사람들입니다. 이들은 일상생활 전반에서 창의성을 발휘하는 사람들이 전혀 아닐 수도 있어요. 하지만 저와 마주쳤던 지점에서 그들의 선택은 분명 반짝였고, 그 순간의 반짝임을 아이디어라 부를 수 있는 거죠. 그건 그들이 만들어낸 반짝임이지만, 내가 그걸 발견하고 '아이디어'라고 호명하는 순간 내게로도 옮겨옵니다. 내게 '씨앗'이 되어서 들어오는 거예요.

나는 지금 목을 넘기는 맥주를 타고 방금 들은 이야기 속 몇 알의 씨앗이 내 안으로 흘러 들어오는 걸 상상해보았다.

— 작은 반짝임도, 거대한 눈부심과 같은 원리로 빛을 발합

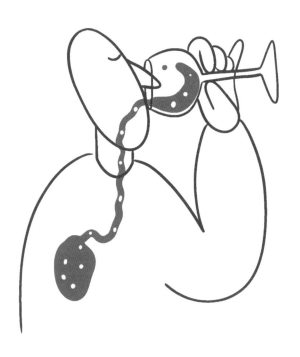

니다. 우리는 너무 오랫동안 천재들의 눈부신 창의성만을 우러러보며 살아왔어요. 하지만 그건 분식집 아주머니의 작은 행동에 깃든 것과 같은 **태도**를 공유하고 있습니다. 이 사람들이 천재들과 같은 태도로 평생을 살아가지는 않겠죠. 하지만 적어도 한순간에는, 천재들의 것과 하나도 다를 바 없는 태도를 보여줬어요. 우리는 이것을 높이 사야 합니다.

루돌프 플레시Rudolf Flesch*라는 사람은 이런 말을 했대요. 저는 이 말에 정확히 동의합니다.

"창의적 사고란 항상 해오던 방식대로 행하는 것이 특별한 미덕은 아니라는 단순한 깨달음을 의미한다."

어때요. □□분식 아주머니의 "이러면 좀 낫지"라는 말이 생각나지 않으세요?

― 이러면 좀 낫지…….

어둠에 눈이 조금 익숙해지는지, 어슴푸레 몇 개의 반짝임이 내 안으로 들어오는 것처럼 느껴졌다. 단지 맥주의 기운이 돌기 시작하는 것인지도 몰랐다. 그녀는 남은 와인을 천

* 오스트리아 태생의 귀화 미국인 저술가.

천히 마셨다.

우리는 술을 한 잔씩 더 시켰다.

맛을

그리는

능력

4 ___ 잔

그녀는 황이 조그만 잔에 갈색 액체를 따르는 것을 지켜보
며 물었다.

— 저건 뭐죠?

나는 이 술집 메뉴에 대해 잘 알고 있으므로 설명해주었다.

— 셰리주예요. 스페인 술인데, 와인에 브랜디를 넣어서 숙
성시킨 거예요.

나는 황에게 셰리주를 조금만 따라달라고 부탁해 그녀에게
건네주었다.

— 브랜디는 정확히 뭔가요? 이름만 알고 있어요.

— 쉽게 말해서 맥주를 증류하면 위스키가 되고, 와인을 증
류하면 브랜디가 되죠.

— 뭐라고요? 맥주를 증류한 게 위스키라는 것부터 얼떨떨
하네요. 도대체 누가 맥주나 와인을 끓여볼 생각을 했을까요?

— 하하. 위스키는 역사가 엄청나게 오래됐어요. 기원을 알수 없지요. 브랜디는 그에 비해 훨씬 뒤에 만들어진 술이고요.

— 그럼 브랜디는 위스키에서 아이디어를 얻었을 수 있겠네요.

— 아마도 그렇겠죠. 셰리는 독한 브랜디를 넣어서 와인의 도수를 높인 뒤 오크통에서 숙성시킨 거예요. 그래서 와인처럼 포도의 향미가 풍부하면서도 특유의 쌉싸름하고 깊은 뒷맛이 오래 남지요.

그녀는 셰리주를 입에 머금고 허공을 바라보며 한참 맛을 느껴보더니 말했다.

— 음, 이 맛은 훌륭한 아이디어네요. 스페인 여행 갔을 때 셰리주를 알았다면 좋았을 텐데. 스페인에서 먹은 음식 중에 '가스파초gazpacho'라는 게 있었어요. 혹시 아세요?

— 들어본 적만 있어요.

— 전 가스파초를 먹었을 때 깜짝 놀랐어요. 토마토를 갈아

서 만든 찬 수프인데 기가 막히게 맛있었어요. 가스파초는 '아니 도대체 왜 토마토를 이렇게 쓸 생각을 진작에 못 했을까?'라는 생각이 들게 해요.

토마토의 가능성을 머릿속에 활짝 열어젖히는 그 상쾌한 감각, 그 맛. 우리에겐 이렇게 놀라운 음식이지만 그 나라에선 오래전부터 먹어온 대중 음식이죠.

예전에 세계 바텐더 대회에서 입상한 칵테일을 만드는 과정을 봤는데, 빵에 버터를 바르고 구운 뒤 그걸 위스키에 넣어서 향이 배게 하더군요.

— 하아!

— 충격적이었어요. 칵테일에 버터 바른 토스트를 넣다니. 확실히 그런 생각은 아무도 못 했을 테니 의외성을 강조하기 위한 시도였겠지요. 입상한 걸 보면 맛도 썩 괜찮았나 봅니다. 그런데 토스트 칵테일과 가스파초의 다른 점은, 가스파초는 '토마토를 이렇게 기상천외한 방법으로 쓰다니!'의 충격이 아니라, '토마토를 이렇게 쓸 생각을 못 했다니!'의 깨달음을 준다는 거예요. 가스파초는 토마토가 '마땅히 그래야 할 맛' 같은 걸 낸다고요. 무슨 말이냐면, 가스파초의 토마토 맛은 우

리에게도 아주 익숙한 것이에요. 우리는 생토마토의 맛을 알고 있고 오이냉국처럼 시원하고 새콤한 냉국이라는 장르도 알고 있죠. 우리나라 사람이 처음 가스파초를 먹어보면 참 자연스러운 조리법이란 생각이 들 거예요.

물론 우리나라에서는 토마토가 채소냐 과일이냐도 헷갈릴 정도로 토마토를 식재료로 많이 쓰지는 않죠. 그러니 토마토의 가능성을 탐색해볼 만한 여건이 충분치 않았다고 생각할 수도 있습니다. 〈프라이드 그린 토마토〉라는 영화 제목은 우리나라 사람들에겐 얼떨떨했지요. "뭐? 토마토를 튀겨 먹는다고?" 하고요. 저도 안 먹어봤는데 애호박전과 비슷한 느낌이라고 하더군요. 그 얘길 들으니까 또 어느 정도 상상이 가기도 해요.

— 바나나를 튀겨 먹는 곳도 많지요. 바나나가 흔한 나라에선.

— 그렇군요. 아, 재밌어요.

그녀는 가방에서 주섬주섬 무언가를 꺼냈다. 첫눈에도 오래 쓴 게 틀림없어 보이는 수첩이었다. 그녀는 무언가를 끄적였다.

— 토마토나 바나나 튀김은 우리 식문화에서는 생소한 느낌이죠. 식문화란 그 땅에서 나는 작물과 그 지역의 보편적인 조리법 등의 영향을 받으니까 다른 곳에선 흔한 요리도 여기선 이질적으로 느낄 수 있어요. 당연합니다. 그런데 말이에요, 그거 아세요? 제주도에선 귤을 구워 먹는대요.

— 호오, 그래요?

— 네, 감기에도 좋대요. 저는 그 얘기를 듣고 참 재미있었어요. '굽기'란 가장 보편적인 조리법이고, 겨울이면 우리 주위에 지천으로 널린 게 귤인데도 그걸 구워볼 생각을 한 번도 못 해봤다는 게. 이렇게 흔한 기법과 재료의 결합이 머릿속을 흔들어주지 않아요? 그것도 이 좁은 나라에서조차, 어느 지역에선 별미로 잘 즐기는 음식인데 어느 지역에선 금시초문이라니 말이죠. 남쪽의 섬사람들이 귤을 구워 먹는다는 생각이 저를 흐뭇하게 합니다. 이 세상엔 우리가 미처 생각 못 한 아이디어가 얼마나 많은지.

그녀는 흐뭇한 표정으로 올리브 하나를 집어 먹었다.

— 아…… 그 얘길 들으니 보리굴비를 먹고 놀랐던 게 생각나네요. 보리굴비 아세요?

— 아뇨, 얘기해주세요.

— 굴비를 보리 항아리 속에 넣어서 몇 달간 숙성시키면 생선살이 꾸덕꾸덕 말라 쪼그라진대요. 그걸 찐 뒤에 손으로 죽죽 찢어서 먹는 거예요. 그런데 그냥 먹는 게 아니라 얼음 동동 띄운 녹찻물에 밥을 말아서 보리굴비를 얹어 먹지요. 여름철 보양식이래요. 보기엔 꽤 비릿할 것 같았는데 먹어보면 전혀 비린 맛이 없고 구수해요. 단단한 고깃살이 씹을수록 녹찻물에 슬슬 풀리면서 입속에서 정말 새로운 맛이 났습니다. 한 번도 그런 음식 경험을 해본 적이 없어서 놀라웠어요. 정말 맛있었습니다. 전라도 음식이라는데, 참 뭐라고 해야 되지, 정성스러운 시간이 느껴진다고 할까요. 보리, 굴비, 녹차의 조합도 신기했어요.

— 와, 먹어보고 싶네요. 전 그렇게 몇 겹으로 정교한 음식을 접하면 그런 시도를 처음 한 사람을 떠올려보게 돼요. 물론 자리를 잡은 음식이란 대개 누구 한 사람이 만들어낸 게 아니

지만, 어쨌든 누군가는 '녹찻물이랑 같이 먹어보자'는 생각을 처음 했을 거잖아요. 전라도는 음식 문화가 발달한 곳이죠. 식재료가 풍부하기도 할 테고 날씨의 영향도 받았을 거예요. 그런데 저는 무엇보다도 새로운 맛에 열려 있는 문화의 영향이 컸을 거라고 생각해요. "음식 갖고 장난질한다"고 무턱대고 야단치기보다는 그렇게 해서 태어난 새로운 맛을 더 높이 사는 문화. 아주 약간의 맛 차이를 내는 아주 작은 아이디어를 높이 쳐주는 문화 말이에요.

셰리주나 가스파초, 귤구이, 보리굴비 같은 음식을 처음 접하면 머릿속에 한 세계가 열립니다. 전 그게 **'혀의 아이디어'**라고 생각해요. 아이디어는 머리만의 문제가 아니에요. 몸에는 몸의 아이디어가 있어요. 가장 혁신적인 무용수들이 몸으로 펼쳐놓는 아이디어는 또 얼마나 우리를 뒤흔듭니까.

— 혀의 아이디어, 몸의 아이디어라. 감각을 느끼는 것도 뇌이니까 결국은 머리라는 건가요?

— 음, 어떤 감각을 만들어내기 위한 '머리 아이디어'도 물론 있겠지만, 저는 아예 감각 자체도 '아이디어'라고 생각하기를

좋아합니다. 감각기관을 열지 않으면 머리도 느낄 수 없죠. 아까 말한 고춧가루 뿌린 치즈 얘기가 제게 흥미로웠던 건 치즈에 고춧가루를 뿌려보자고 생각한 '머리 아이디어' 때문이기도 하지만, 그 둘의 결합으로 만들어진 새로운 맛이라는 '**감각 아이디어**' 때문이기도 해요. 그 맛을 만들어내기 위한 방법적인 발상도 아이디어이지만 그 맛 자체도 아이디어란 거죠. 감각이란 말로는 설명하기 힘든 거잖아요. 신선한 감각을 접하는 순간 내 안에선 스파크가 일지요. 그 순간 반짝임은 씨앗이 되어 내 안으로 들어옵니다.

─ 감각 아이디어라, 그게 그냥 새로운 감각과 뭐가 다르죠?

─ 다르지 않아요. 제가 그냥 붙인 이름이에요.

─ 그럼 살면서 느끼는 모든 새로운 감각을 '감각 아이디어'라 이름 붙이고 기억해두나요?

─ 아니요, 어떻게 그러고 살아요. 일분일초가 감각의 연속인데. 그냥 되는대로 느끼면서 살지만 어떤 감각에 '아이디어'라는 이름을 붙여준다면 그 씨앗은 좀 더 명확하게 내 안에 자

리 잡게 되겠죠. 그렇게 생각하는 게 더 유리하다는 겁니다. 실제로 전문가들은 감각을 세분화해서 기억하는 훈련을 하죠. 우리가 감각에 이름을 붙이는 건 편의상의 이유예요. 색깔을 구분해서 이름 짓는 것도 그게 편리하기 때문이에요. '색깔을 구분해보자는 아이디어'죠. 자연의 색깔은 스펙트럼이잖아요. 노란색과 주황색은 칼로 썬 듯 나뉘어 있지 않아요.

향수를 만드는 조향사들은 향을 세밀하게 나눠서 기억할 수 있죠. 조향은 이리저리 섞어보다가 우연히 향을 찾는 게 아닙니다. 위대한 조향사들은 머릿속에서 감각을 설계할 수 있어요. 좀 더 근사하고 새로운 감각 아이디어를 만들어내기 위해 기존의 감각들을 조합해보는 거예요.

— 하기야 위스키를 섞어서 새로운 맛을 만들어내는 블렌드 마스터들의 머릿속엔 향과 맛을 세밀하게 분류한 표가 들어 있지요.

— 그래요. 마찬가지로 어떤 블렌드 마스터가 만들어내려는 새로운 향과 맛은 그의 내부에서 설계되어가요. 그는 이리저리 실험하면서 "좀 더 강렬했으면 좋겠군" "이것보다 좀 더 젊은 느낌이 나야 해"라고 중얼거리며 자신의 내부에 설계해

아이디어는

머리만의 문제가 아니에요.

●

●

●

몸에는

몸의 아이디어가 있어요.

둔 맛과 비교해나가겠죠. 그 맛은 정확히 구현이 될 수도, 영영 그렇지 않을 수도 있어요. 이때 그의 안에 이미 존재하는 맛은 무엇일까요? 그건 아이디어예요. 바로 '감각 아이디어'죠. 그걸 맛본 사람은 아무도 없는데, 그는 아직 세상에 없는 위스키를 이미 맛본 것과도 같이 그리고 있는 거예요. 그러니 감각과 아이디어를 명확히 구분 지을 수 없는 부분이 분명 있답니다.

— 〈대장금〉의 명대사가 생각나네요. 맛을 그리는 능력.

— 딱 맞는 표현이네요! 적어둬야겠어요.

그녀는 수첩에 무언가를 휘갈겼다.

— 당신도 나도 태어나서 한 번도 귤을 구워 먹어본 적이 없지만 '귤구이'란 말을 들었을 때 어떤 맛을 떠올려봤을 거예요. 그동안의 경험을 통해 이러저러한 맛이 아닐까 하고 유추할 수 있는 거죠. 우리는 '맛을 그리는 능력'을 사용한 겁니다. 이때 우리 안에 떠오른 것은 실제의 귤구이 맛과 다를 수도 있는 어떤 아이디어예요. 장금이가 세상에 없던 새로운 맛을 그

려낸다면? 그게 바로 새로운 아이디어가 되는 거예요. 위대한 요리사들은 미각이 뛰어난 사람이라고만 생각하기 쉽지만, 그건 음식 평론가도 지닌 자질이죠. 위대한 요리사는 위대한 감각이 아니라 위대한 상상력, 즉 위대한 아이디어를 갖고 있어요. 그것이 그들을 평론가가 아닌 아티스트로 만듭니다.

모든 요리는 아이디어예요. 우린 음식이란 인류의 역사가 흐르는 동안 자연적으로 조리법이 발달해서 전해져오는 거라고 생각해요. 하지만 누군가는 맥주를 증류해서 맛보고 누군가는 그 위스키에서 아이디어를 얻어 와인을 끓여봅니다. 그렇게 브랜디가 탄생하고 누군가는 그걸 와인에 섞어볼 생각을 하는 거죠. 그리고 저는 오늘 셰리주를 맛보고 이 새로운 감각 아이디어에 감탄하게 되는 거예요. 이 감각이 씨앗이 되어 제 안으로 들어온 거죠. 저는 이 모든 과정이 참 신기하고 아름답다고 생각해요.

나는 라거 맥주라는 아이디어를 만든 그 옛날의 누군가에게 감사하며 시원한 맥주를 한 모금 들이켰다.

― 제가 '모든 맛이 아이디어'라고 말하면 억지처럼 들리겠

죠. 사람이 조리한 음식은 아이디어라고 할 수도 있겠지만, 나무에서 딴 과일은 '아이디어'일까요? 저는 이렇게 생각해요. 어떤 과일의 맛은 아이디어가 아니지만, 그걸 먹어볼 생각을 하는 것은 아이디어이고, 그걸 '맛있다' 또는 '맛없다'고 받아들이는 것도 아이디어라고요. 세계에서 멍게를 먹는 나라는 거의 없어요. 누가 그렇게 이상하게 생긴 생물을 처음 먹어볼 생각을 했을까요? 김, 미역, 파래, 다시마를 먹는 나라도 거의 없죠. 그래서 수출용 '너구리'에는 다시마가 없어요.

— 저런!

— 해조류에 대한 거부감 때문에 분쇄해서 수프에 넣는대요. 그래도 최근에는 스시 때문에 김을 먹는 아이디어가 세계적으로 퍼져나갔죠. 오징어나 문어를 안 먹는 나라도 많아요. 반대로 베트남 쌀국수에 들어가는 고수는 우리나라에 처음 들어왔을 때 거부감이 상당했어요. 하지만 이제는 우리나라 사람들에게도 고수가 점점 익숙해지면서 다양한 음식에 새로운 향을 내기 위해 종종 쓰고 있습니다. 새로운 아이디어가 들어온 거지요.

안쪽에 있던 손님 몇 명이 일어나서 우리는 그들이 지나가
도록 의자를 조금 당겨주었다. 이곳은 여러모로 비좁고 조
그만 가게인 것이다.

●

— 자, 그렇다면 뭐가 됐든 안 먹고도 사는 사람은 없으니까
어떤 먹거리에서든 크고 작은 아이디어를 발견할 수 있겠죠.
처음 맛보는 과일은 머릿속에 새로운 '맛의 아이디어'를 열어
줄 테고, 누군가의 독특한 레시피는 성공하든 실패하든 간에
아이디어임이 틀림없습니다. '딴 건 몰라도 우리집 된장찌개
는 일품이야'라고 생각한다면 그 된장찌개만의 노하우가 있
겠죠. 그럼 그게 아이디어입니다. 아무리 사소하다 해도요.
'이 집 김치는 왜 이렇게 맛있을까?'라고 느낀다면 나에게 반
짝임을 일으키는 그 김치만의 아이디어가 있겠죠.

— 전 가끔 새롭고 맛있는 음식을 먹으면 감동하긴 하지만,
보통은 예측 가능하고 담백한 음식을 더 좋아하는 것 같아요.
먹는 데 그리 신경 쓰는 편이 아니라서.

— 속을 편안하게 해주는 매일의 소박한 밥상에는 나름대로 강건한 아이디어가 있는 거죠. 덜어내는 것도 아이디어이니까요. 좋은 음식점은 조미료나 강한 양념 같은 걸 안 넣고도 깊은 맛을 내는 아이디어를 갖고 있어요. 위대한 음식은 재료의 맛을 덮기보단 고스란히 살리는 아이디어의 산물입니다. 또는 그저 좋아하는 라면이나 과자가 여느 것과 어떻게 다른지만 생각해봐도 거기엔 틀림없이 아이디어가 있다고요.

제 친구 하나는 배스킨라빈스에 가면 꼭 새로운 아이스크림을 주문합니다. 처음엔 그게 참 이해가 안 갔어요. 저는 웬만한 맛을 시도해본 뒤에는 제가 맛있다고 느낀 것 위주로 먹어요. 그런데 그 친구는 정말 괴상해 보이는 조합의 아이스크림이 새로 나오면 "저게 얼마나 이상한지 먹어봐야겠어!"라며 흥분해요. 같은 돈을 주고 아이스크림을 먹는다면 저는 맛을 보장받기를 원하는 데 비해, 그 친구는 맛에서 손해를 보더라도 다른 어떤 것을 경험하길 원했던 거죠. 어떤 시도, 어떤 발상을 맛보려고 했던 거예요. 그런 관점으로 감각을 대하는 태도라면 많은 것을 얻을 수 있다고 생각합니다.

— 그 친구는 많은 '감각 아이디어'를 얻을 거란 말이죠? 감

각도 아이디어라는 말은 아직 좀 어색하지만, 그게 유리하단 말은 무슨 뜻인지 알겠네요. 어렴풋하긴 해도.

— 우리는 무용가나 조향사나 요리사처럼 감각의 전문가가 아니니까 일상생활에서의 무수한 감각을 구분하기보단 그저 느끼며 살면 되겠지만, 감각을 '감각 아이디어'라고 생각하는 순간 수많은 감각이 창의성의 씨앗이 되어 들어옵니다. 그리고 어떤 감각을 자아내거나 연출하려는 시도는 당연히 모두 아이디어가 되겠지요.

아이디어라는 말은 무궁무진한 의미를 담을 수 있어요. 맛, 소리, 향기, 색깔, 동작, 형태, 속도……. 당신이 반짝임을 느낀 감각을 아이디어라는 말에 집어 넣어보세요. 말을 넓히는 거지요. 지금까지의 얘기만으로도 당신의 '아이디어'에 대한 정의가 많이 넓어지는 느낌이 들 거예요. 아이디어를 될 수 있는 한 큰 단어로 넓혀가는 게 중요합니다. 도저히 정의할 수 없을 만큼요.

요리에만 국한시켜 얘기해보더라도 음식으로 전달할 수 있는 감각 아이디어는 무궁무진합니다. 맛뿐만 아니라 색깔, 형태, 냄새, 질감, 온도, 소리, 그릇, 도구, 먹는 방법, 분위기 등등 모든 것이 음식의 아이디어가 될 수 있죠. 그래서 때론 영화

속의 요리는 우리가 맛볼 수 없는데도 그저 보는 것만으로도 황홀할 때가 있습니다. 눈과 귀를 통해 다른 감각을 지극히 충족시키기 때문이죠.

문득 황이 비프 스튜를 뭉근하게 끓이는 냄새가 풍겨왔다. 확실히 이건 참 독특한 냄새라는 생각이 들었다. 거기에는 어떤 독특한 아이디어가 들어 있겠지.

— 얼마 전에 〈엘 불리El Bulli〉라는 영화를 봤어요. 스페인 요리사 페란 아드리아Ferran Adria가 이끄는, 세계에서 가장 유명한 레스토랑 '엘 불리'에 관한 내용이었지요. 그 사람은 엘 불리의 요리가 "마술 같아야 한다"고 말합니다. 그런데 그가 마술을 준비하는 과정은 영감에 찬 예술가 같기보다는 실험실의 과학자 같았어요. 하기야 마술사는 마술을 믿는 사람이 아니라 마술을 만드는 사람이죠. 그의 팀은 정교하게 맛, 향, 질감 같은 감각 아이디어를 실험하고 기록합니다. 감 하나를 놓고도 날것, 삶은 것, 구운 것, 튀긴 것…… 이렇게 치밀한 차트를 만들고 다양한 조합을 시도해보는 거죠. '맛의 옥스퍼드 사전'을 만드는 것 같았어요. 우리가 식재료라고 생각하지 않은 것들, 이를테면 제약 회사에서 캡슐을 만드는 재료 같은

온갖 것이 마술 같은 질감을 위해 동원되기도 했어요. 그리고 실험을 통해 구축된 결과는 정말로 마술이 됩니다.

엘 불리의 아이디어로 가득한 음식들을 보는 건 아주 즐거웠는데, 그중에서도 제 눈을 잡아끄는 장면이 있었어요. 잠깐 스치는 장면에서 저는 숟가락 목 부분에 허브가 붙어 있는 걸 봤습니다. 이때 제 머릿속은 어딘가 흔들렸어요. 숟가락은 음식을 떠서 입에 넣기 위한 인류의 보편적인 도구이죠. 오랜 세월 그 목적으로만 사용해와서 더 이상 간결해지기 힘든 디자인입니다. 그런데 그 장면에서 그들은, 숟가락을 입에 뭔가를 떠 넣기 위한 도구인 동시에 코 가까이 가져다 대는 도구로도 해석하고 있었던 거예요. 음식을 먹을 때 허브의 향을 느끼도록 하는 조그만 장치였죠. 그들은 제가 평생 한 번도 생각해보지 않은, 숟가락의 가능성을 넓혀놓았어요.

— 숟가락도 음식의 요소이다, 맞아요. 컵라면은 왠지 나무 젓가락으로 먹어야 맛이죠.

— 하하, 그러네요. 어느 식당이든 카페든 나름의 아이디어가 가득합니다. 반짝이는 것도 있고, 그렇지 않은 것도 있죠. 오

래된 원조 식당처럼 소박하고 왁자한 분위기도 있고, 호텔 레스토랑처럼 격조를 중요시하는 곳도 있습니다. 각각의 분위기도 아이디어이고, 그 분위기를 구성하는 모든 작은 요소도 아이디어입니다. 시끄럽고 정겨운 밥집에서는 설거지를 막 해도 깨지지 않는 스텐인리스 물잔과 플라스틱 그릇을 쓰죠. 그것도 단가를 낮추기 위한 어엿한 아이디어라고 생각해요. 어딜 가든, 무얼 보든 발견하기 나름이에요. 이 바만 해도 제가 발견한 것이 많아요. 저는 오늘 여기서 셰리주라는 아이디어를 처음 맛보았죠. 이곳의 이름은 '바르셀로나'이고 창문에는

BAR

CEL

ONA

라고 적혀 있는데, 이건 바BAR로 시작하는 걸 중의적으로 염두에 둔 건가요?

—— 네. 처음엔 BAR와 CELONA 사이에 콜론(:)을 찍을까, 언더바(_)를 넣을까, 색깔로 구분할까 하고 저 친구가 고민을 많이 했어요. 그러다 하비에르 마리스칼Javier Mariscal이라는 스페인 디자이너가 바르셀로나시市의 로고를 만든 걸 봤어요. 세 글자씩 줄바꿈을 하면 자연스럽게 구분이 되고 아홉

자이니까 사각형 모양이 나오는 게 마음에 들어서 따라 했죠. 그런데 더 재미있는 건 바르셀로나의 언어인 카탈루냐어로 BAR는 술집, CEL은 하늘, ONA는 파도를 뜻한답니다. 스페인 바르셀로나에는 이 세 가지가 많기로 유명하대요.

그녀는 수첩에다가 무언가를 적었다.

— 'BAR'로 시작하는 도시 이름으로 바 이름을 지었다니 재미있는 아이디어네요. PUB으로 시작하는 단어로 펍 이름을 지을 수도 있겠다는 생각이 들어요.

— 아, 마침 길 건너에 퍼블릭PUBLIC이라는 펍이 있어요!* 저는 거기도 단골인데, 두 술집 사이에 이런 연관성이 있다는 생각은 한 번도 못 해봤네요.

— 하하. 일상에서 아이디어 씨앗들을 발견하는 버릇을 들이면 그것들이 내 안에서 자연스럽게 이어져요. 발견이 가장 좋은 창의성 훈련이지요.

• 종로구 효자동에 실제로 있었던 술집. 2014년 문을 닫았다.

술은 대화의 윤활유와 같아서 우리는 조심스럽던 처음에 비해 많이 친근해져 있었다. 그녀가 들뜬 목소리로 말했다.

— 근사해요. 술집, 하늘, 파도라니. 이곳은 여러 가지로 반짝이는군요.

그녀의 경탄에 으쓱해진 황은 밤새도록이라도 우리를 위해 술을 더 따라줄 태세였다. 우리는 술을 한 잔씩 더 시켰다.

축척

5 ____장

으쓱해진 황은 대단히 자신감 넘치는 동작으로 새 술을 따라주었다. 그녀와 나는 각자 술을 한 모금 들이켜고 흐르는 음악을 들었다. 루퍼스 웨인라이트Rufus Wainwright에 이어 다프트 펑크Daft Punk가 흘러나왔다. 항상 어느 정도의 뜬금없음을 유지하는, 맥락 없는 선곡이었다. 볼에 살짝 홍조를 띤 그녀가 입을 떼었다.

— 우리를 벌레라고 생각해봐요.

"네?"라고 되묻고 싶었지만 잠자코 맥주를 들었다.

— 조그만 벌레가 풀숲을 헤치고 다니듯이 우리는 일상을 살아가고 있는 거예요. 풀숲엔 신기한 게 많아요. 온갖 냄새를 품은 흙 알갱이, 이끼, 다른 벌레들, 온갖 풀들, 떨어진 나뭇잎, 지렁이, 이슬방울……. 볕 좋은 어느 날, 여린 풀잎 위에 앉아 있던 당신과 나는 문득 고개를 들어서 하늘을 봐요. 까마득한 높이에 나뭇잎들이 가득 걸려 햇살을 받아 반짝이고 있어요. 우리가 살고 있는 곳은 커다란 나무 아래 그늘이었던 거죠. 평소엔 나무를 올려다볼 필요가 없었어요. 나무는 우리가 어찌해볼 수도 없이 거대한, 원래부터 거기 있던 것이고 무슨

일이 있어도 사라지거나 하지 않을 존재이니까요. 그건 그냥 당연한 조건이었습니다.

하지만 날 때부터 거대한 나무는 단 하나도 없어요. 모두 여리고 볼품없는 어린 나무로부터 자라났다고요. 벌레인 우리가 보기엔 세상이 끝날 때까지 끄떡없을 것 같던 그 우람한 나무 또한 언젠가는 말라버리기도, 쓰러지기도, 벼락을 맞아 타버리기도 할 겁니다. 태어난 것은 죽으니까요. 하지만 커다란 나무는 그 그늘 아래 엄청난 생태계를 만들어내지요. 그 나무에서 떨어진 열매나 뿌리로부터 또 다른 나무가 자라나기도 하고요. 그렇게 풍성한 숲이 이루어지는 거예요. 인간의 모든 역사가 이와 같아요!

그녀는 테이블을 가볍게 탕 두들기고는 와인을 한 모금 마시고 허공으로 흡족한 시선을 던졌다. 그녀는 어느 숲속의 풀잎 위에 앉아 높이 걸린 나뭇잎 사이로 부서지는 햇빛을 보고 있는 것 같았다. 내가 헛기침을 하자 그녀는 동료 벌레를 위해 좀 더 친절한 설명을 해줘야 한다는 걸 깨달은 듯했다.

— 흠……. 지금까지 일상에서의 작은 반짝임에 대해, 수도 없이 마주치는 작은 아이디어들에 대해 이야기했잖아요. 자,

이제 지도를 본다고 생각해봅시다. 축척이 아주 큰 초정밀 지도를 펴보면 실핏줄 같은 지류와 도로가 보이고 면사무소와 마을회관과 농협이 표시되어 있겠죠. 아까 얘기한 작은 아이디어들이 읍·면·리에 해당하는 것들이었다고 쳐요. 작은 아이디어들 또한 큰 아이디어와 같은 구조를 갖고 있고, 같은 원리로 반짝인다는 걸 잊어선 안 돼요. 그걸 놓치는 순간 우린 갈피를 잃고 고정관념을 향해 떠내려가게 된다고요. 우리가 꼭 붙들어야 하는 건 일상에서 마주치는 작고, 단단하고, 반짝이는 아이디어들이에요. 그걸 꼭 붙든 채로 축척을 드라마틱하게 바꿔봐요!

그녀는 배역에서 아직 헤어나오지 못한 뮤지컬 배우처럼 금빛 액체가 든 와인 잔을 들어 허공에 우아하게 호를 그렸다. 어쩐지 나에게도 차르르 별 가루 떨어지는 소리가 들리는 것 같았다. 맥주의 효과였을지도 모르겠다. 그녀는 말을 이었다.

— 이제 우리가 살고 있는 읍·면·리와 시·군·구는 사라졌어요. 대신에 나라와 호수와 산맥의 이름이 보이고, 끝에서 끝까지 쓰여 있어서 띄엄띄엄 읽어야 하는 대륙과 바다의 이름도 있어요. 벽돌처럼 손에 쥘 수도 있던 아이디어란 단어에

대해 우리 스케일을 이 정도로 키워봐요. 혹시 〈브이 포 벤데타〉란 영화를 봤어요?

— 네, 액션 영화 아닌가요?

— 저는 그 영화야말로 아이디어에 대한 영화라고 생각해요. 첫 장면에 내털리 포트먼의 내레이션이 흐르죠.

그녀는 휴대폰으로 유튜브에서 동영상을 찾아 보여주었다.

"우린 사람이 아닌 신념을 기억하라 배웠다. 왜냐하면 사람은 실패할 수 있으므로. 사람은 잡힐 수 있고, 살해될 수 있고 잊힐 수 있다. 하지만 400년이 흐른 뒤에도, 신념은 여전히 세상을 바꿀 수 있다. 나는 처음에 신념의 힘을 보았다. 그리고 사람들이 신념의 이름으로 살인하고, 죽음을 맞는 것도 보았다."

We are told to remember the idea, not the man, because a man can fail. He can be caught, he can be killed and forgotten, but 400 years later, an idea can still change the world. I've witnessed first hand the power of ideas, I've seen people kill in the name of them, and die defending them.

여기서 내가 가장 놀란 건 뭔지 알아요? 내털리 포트먼의 말과 자막 사이의 간극이었어요. 우리말 자막에 계속해서 나오는 건 '신념'이란 단어인데, 그녀가 말하는 건 '아이디어idea'란 단어였지요. 신념이 **아이디어**라니! 놀랍지 않아요? 신념이라는 건 보다 굳건하고, 거대하고, 진지하고, 신성한 단어 아니었던가요. 그에 반해 우리나라에서 '아이디어'라는 단어는 훨씬 가볍게 쓰이죠. 올가을 스타일링을 위한 열 가지 아이디어, 통통 튀는 아이디어 제품 열전, 다음 분기 마케팅 전략을 위한 아이디어. 우리나라에서는 아이디어란 단어가 주로 '발상' '착상'으로 번역되어 쓰이잖아요. '신념'은 그것들과는 결이 다릅니다. '믿음'이라든가 '의지' 같은 단어와 어울릴 것 같고, 보다 결연하고 왠지 생을 걸 수도 있을 것 같아요. 게다가 〈브이 포 벤데타〉에서의 '신념'은 체제에 관한 것이었어요. 권력이 과연 누구로부터 나오는가에 관한 신념. 고작 '아이디어'란 말로 지칭하기엔 이건 너무 숭고하지 않아요? 그때 '신념'과 '아이디어'라는 단어의 낙차를 통해 깨달았어요. 제가 단어에 묶여 있다는 걸.

그녀는 이제 신념 가득한 벌레가 되어 높은 나뭇가지에 앉아 눈을 가늘게 뜨고 아이디어의 가뭇없는 지평을 내다보고 있는 것 같았다. 그녀가 말을 이었다.

— 철학책에 나오는 '관념'이란 심오한 단어도 영어로 '아이디어'라고 번역된다는 걸 알았을 땐 배신감마저 느껴졌어요. 세상이 관념으로 이루어져 있다는 사상인 관념론은 영어로 '아이디얼리즘idealism'이란 걸 아셨나요?

— 그런가요? 저도 관념론처럼 어려운 개념은 좀 더 발음하기 힘든 단어일 거라고 생각했는데.

— 그러게 말이에요. 신념도 관념도 이념도 그저 '아이디어'였다니! 한자어의 숭고함과 영어의 친숙함 사이의 낙차에서 혼란스럽던 저는 문득 머릿속의 벽들이 도미노처럼 차례로 무너지는 걸 느꼈어요. 서로 다른 언어의 결이 만든 낙차 에너지 덕분에 오랫동안 머릿속을 구획하던 벽들이 무너질 수 있었던 거예요. 평생을 벽과 과격하게 싸워온 액티비스트 앤절라 데이비스Angela Davis•가 이런 말을 했다죠. "벽을 눕히면 다리가 된다." 정말 그 벽들이 줄줄이 무너지면서 다리가 되

어주었고 저의 생각, 그러니까 아이디어는 먼 곳까지 한참을 나아갔어요. 도대체가 끝이 안 보였죠.

그녀는 커다란 숲속의 조그맣고 겸손한 벌레가 된 것 같았다. 벌레는 이슬방울 대신 화이트와인으로 목을 좀 축이고 말을 이었다.

— 아이디어는 너무나 큰 말이기도 해요. 모든 관념, 이념, 개념, 사상, 학문, 체제 등은 기본적으로 아이디어입니다. 사람에게서 나온 것이지요. 우리가 당연하게 있어온 것처럼 받아들이는 수많은 것이 역사의 어느 시점에 태어난 아이디어란 걸 생각하면 참 놀랍습니다. 이를테면 모든 인간이 평등하다는 건 아이디어이죠. '인권'이라는 아이디어는 인간의 역사에서 정말이지 최근에 나타난 개념이라고요. 그 전엔 '노예'라는 아이디어가 있었죠. 노예로 태어난 인간은 그때도 없었고 지금도 없어요. 아이디어가 있었을 뿐. '인종주의'나 '남녀평등'도 다 하나의 아이디어이지요.

• 미국의 정치 활동가, 학자, 작가. 흑인이자 여성이자 동성애자이자 1960년대 미국 공산당의 리더였고, 급진주의자였다.

우리가 오늘날 당연하게 받아들이는 '민주주의'라는 제도가 수없이 많은 아이디어의 발명을 바탕으로 생겨났다는 점을 생각하면 그처럼 당연할 수만은 없겠지요. 아테네의 단순하고 제한적이던 민주주의를 복잡한 현대사회에서 실현하기 위해 얼마나 많은 제도적 아이디어들이 발명 및 수정되며 돌아가고 있는지를 생각해보게 됩니다. 커다란 나무에 달린 수많은 나뭇잎처럼 말이에요. 우리는 계속 변화하는 민주주의라는 나무 아래 살고 있지만, 이 숲에는 크고 작은 나무가 수없이 많아요. '사회주의' '공산주의' '자본주의'뿐 아니라 '실존주의' '경험주의' '구조주의' 등 모든 '주의'는 아이디어 나무들이지요. 그것을 지탱하고 구성하는 수많은 나뭇가지와 나뭇잎으로 이루어진.

그녀는 와인으로 목을 축이고 치즈를 한 조각 베어 물었다.

●

— '국가'라는 개념도 천부적으로 우리에게 주어진 운명처럼 생각되지만, 핏줄과 땅에 금을 긋는 건 어디까지나 우리 인간들의 관념이에요. 귀스타브 플로베르Gustave Flaubert는 "지

도의 어떤 땅덩어리에 빨간색이나 파란색으로 선을 그어놓고 그것을 다른 땅과 구분하는 조국의 관념, 그것은 아닙니다"라고 말했어요. 이것이 국경에 대한 플로베르의 아이디어이지요.

또 어슐러 K. 르 귄Ursula K. Le Guin의 SF 소설 《어둠의 왼손》에는 이런 부분이 나와요.

생각해보세요. 어떻게 한 국가를 미워하거나 사랑할 수 있겠습니까? (……) 제게는 그런 재주가 없어요. 나는 그 나라의 사람들을 알고 도시들을 알고, 농장과 언덕이며 강과 바위들을 알고, 가을이 되면 구릉에 태양이 어떤 모양으로 지는가를 알고 있지요. 그런데 그런 것에 경계선을 긋고 이름을 붙인 다음, 이름이 붙여지지 않은 곳은 더 이상 사랑해선 안 된다니 대체 그 이유가 뭐지요? 그리고 자기 나라를 사랑한다는 건 또 무슨 말입니까? 자기 나라 아닌 곳은 미워하고 증오해야 한다는 말인가요? 그건 결코 바람직하지 않지요. 오히려 자기중심적인 사랑이 아닐까요? 물론 그것도 중요한 것입니다만 미덕이 될 수는 없지요.

우리가 당연하게 있어온 것처럼 받아들이는 수많은 것이 역사의 어느 시점에 태어난 아이디어란 걸 생각하면 참 놀랍습니다.

땅 위에 그어진 관념의 경계선이 실재하지 않는다는 것을 깨닫는다면 우리는 '국가'라는 아이디어를 좀 더 유동적인 것으로 받아들이게 될 거예요. 그것은 주어진 운명이 아니라, 인간들이 이름 붙인 것이니까요.

이를테면 유럽은 철저한 관념의 대륙입니다. 아프리카나 아메리카, 오스트레일리아와 같은 다른 대륙들은 지리적 경계라도 명확하지만 유럽은 유라시아 땅덩이 위에 관념의 경계선을 그은 거예요. 터키는 유럽인가요, 아시아인가요? 러시아는요? 유럽이라는 아이디어는 사람들의 머릿속에 조금씩 생겨나다가 18세기 즈음에 와서야 정착되기 시작했지요. 그 아이디어는 어떤 면에서 아직도 계속 변화 중입니다. EU 회원국은 28개국으로 슬금슬금 늘어났다가 영국이 탈퇴하며 27개국이 되었죠.

— EU와 유럽은 태생이 다르지 않을까요. EU는 정치·경제적 이유에서 일부러 뭉친 나라들이니까.

— 아, 그렇죠. 그러니까 제 말은 EU와 마찬가지로 유럽 또한 아이디어의 산물이란 뜻이에요.

나는 아몬드를 입에 넣고 우물거리며 고개를 두어 번 끄덕였다. 그녀는 머리를 쓸어넘기고는 말을 이었다.

— 이런 식으로 인류라는 벌레가 살고 있는 관념의 숲을 여행하다 보면 정말로 우리를 둘러싼 모든 것이 아이디어임을 발견하게 됩니다. '숫자'나 '문자' '돈' '결혼' '장례' '집' 같은 것들은 아주 옛날부터 있어온 것이지만 결코 처음부터 있었던 것들은 아니에요. 누군가가 시도하고, 아이디어가 더해지고 더해져 정교해지고, 문명이 만나 교류할 때 전해지기도 하며 오랜 세월 울창하게 자란 거대한 아이디어 나무들이지요. 음식이 그저 본능에 따라 자연 발생적으로 생겨난 게 아닌 아이디어의 산물이라고 볼 수 있듯이, 아이디어의 관점을 폭넓게 잡으면 잡을수록 더욱 많은 것들이 아이디어의 그물 안으로 쏟아져 들어온답니다.

예를 들어 '불'은 아이디어가 아니죠. 자연 현상입니다. 하지만 '불을 이용하자'는 것은 아이디어이지요. 그 아이디어로부터 엄청난 역사가 시작되었음은 모두가 알고 있는 사실입니다. 불을 피우는 방법을 우연히 알게 된 원시인들은 그 아이디어를 공유했을 테고, 원할 때 불을 이용할 수 있게 되었지요. 그로 인해 인류는 음식을 익혀 먹을 수 있게 되었고, 몸을 데우고, 금속을 제련하고, 어둠을 밝혀 밤 시간을 이용하고, 오랜 시간이 지나 증기기관을 발명하게 됩니다. 그야말로 아이디어의 점화가 일어난 거예요.

나는 맥주를 넘기며 묵묵히 얘기를 들었다. 머릿속에서 무언가가 일어나고 있는데, 그걸 정확히 무어라 말하긴 힘들었다.

— 모든 발명은 세상에 없던 게 하루아침에 나타나는 식으로 역사에 등장하지 않았어요. 이전의 수많은 아이디어가 연쇄적으로 점화되어온 역사의 끝에서 또 하나의 무언가가 반짝하고 타오르는 거지요. 반짝이며 무언가가 타오른 이상 아이디어의 역사는 그 이전으로 돌아가지 않아요. 그것이 필히 다른 무언가로 옮겨붙게 되지요.

갈릴레이의 시대에 지구가 태양 주위를 돈다는 주장은 이단이었습니다. 그래서 일흔 가까운 나이로 교회 법정에 선 갈릴레이는 화형당하지 않기 위해 거짓 문서에 서명을 합니다. 그러고 나서 중얼거렸다는 말은 너무도 유명하지요. "그래도 지구는 돈다."

우리가 알다시피 그토록 편협하고 경직된 세계에서도 갈릴레이가 일생 동안 연구하고 증명한 아이디어의 반짝임들이 다른 이들에게 점화되어 퍼지는 걸 막을 수는 없었지요.

인간의 역사는 점점 자라는 반짝임의 숲과 같다고 생각해요. 그래서 뉴턴은 이런 말을 한 것이지요.
"내가 남들보다 멀리 보았다면 그것은 거인의 어깨 위에 앉아 있었기 때문이다."
거인은 누구일까요? 불을 발견한 원시인부터 뉴턴 이전까지 빽빽한 반짝임의 숲을 이루어놓은 인류의 아이디어를 말하는 거죠. 사람들은 뉴턴이 떨어지는 사과로부터 누구도 생각 못 한 아이디어를 떠올린 천재였다고 말하기를 좋아하지만, 정작 뉴턴은 인류의 아이디어로 반짝이는 숲을 작은 벌레와 같이 경탄의 눈으로 볼 수 있는 사람이었던 거예요.

벌레1과 벌레2는 어둠이 내려앉은 후 신비한 반짝임으로 가득해진 숲을 경탄의 눈으로 내려다보고 있었다. 우리는 어느새 나무의 가장 높은 가지, 가장 최근에 순을 내민 여린 가지 끝에 올라와 있었다.

— '뉴턴' 하니까 생각나는데, 보다 근본적이고 천부적인 것처럼 여기는 어떤 것, '시간' 같은 개념은 어떤가요. 시간 또한 물론 아이디어의 구조물입니다. 우리는 시간이 직선처럼 '앞을 향해' 일정한 속도로 흘러간다고 생각하지만, 그건 뉴턴의 절대 시간 개념과 서구 사회의 기독교적 시간관이 우리의 머릿속에 오랫동안 뿌리내려왔기 때문이에요. 시간이 반드시 직선이어야 할 필연성은 없지요. 옛날 동양에선 시간이 직선처럼 나아가는 게 아니라 원처럼 순환하는 거라는 아이디어를 갖고 있었어요.

시간을 측정하는 기준도 저마다 달랐죠. 옛날 그리스 사람들은 4년에 한 번씩 열리는 올림피아 경기를 기준으로 말했어요. "세 번째 올림피아 경기가 있고 나서" 이런 식으로요.
이슬람 사람들은 무함마드가 메카의 집 창문으로 빠져나가 사막 도시 메디나로 도주한 날인 622년 7월 16일을 기준으로 연도를 계산하지요. 여기서 622년이란 AD 622년, 즉 예수 탄생 이후 622번째 되는 해라는 뜻입니다. 예수 탄생을 기준으로 올해는 2021년이고요, 단군이 고조선을 세운 날을 기준으

로 하는 단기로는 2333을 더한 4354년이 되겠지요. 일본에선 나루히토왕의 즉위를 기준으로 레이와 3년이고요. 해를 기준으로 하면 양력이고 달을 기준으로 하면 음력이죠. 지금 보편적으로 쓰는 달력의 원형은 율리우스력인데, 그건 율리우스 카이사르가 BC 45년에 이전까지 쓰던 태음력을 폐기하고 개정해서 선포한 태양력입니다.

요컨대 흘러가는 시간을 구분 짓는 방법은 절대적이거나 천부적인 게 아니라 인간의 머릿속에서 나온 거란 뜻이에요. 아이디어란 얘기지요.

그녀는 술잔을 든 채 마실 틈도 없이 계속 얘기를 이어갔다. 그녀가 손짓할 때마다 화이트와인이 찰랑거렸다.

— 모든 것이 아이디어란 말은, 지금 절대 진리이고 결코 변치 않을 법칙 같은 것들도 우리와 같은 사람의 머릿속에서 나온 것인 이상 바뀔 수 있는 것임을 깨닫게 하죠. 누구에게나 똑같이 가차 없는 속도로 흘러가는, 우주에 하나뿐인 절대 시간이라는 뉴턴의 아이디어도 아인슈타인의 상대성이론이 등장함으로써 무너졌어요. 시간은 이제 관찰자에 따라 달라지는 상대적인 것이 되었어요. 어때요? 거대한 나무 옆으로 솟

아오르는 또 하나의 거대한 나무. 우리의 숲은 더 넓어졌지요.

나는 고개를 끄덕였고 그녀는 마침내 화이트와인을 들이켰다. 내 안에서 어떤 변화가 일어나고 있었는데, 그건 굳이 말하자면 경외에 가까운 것이었다. 높은 곳에 올라가 시가지를 내려다볼 때 드는 느낌과도 비슷했다. 내가 물었다.

— 그렇다면 당신은 관념론자인가요? 이 세상은 관념으로 이루어져 있다고 생각하는?

그녀는 살짝 웃으며 고개를 흔들었다.

— 아니에요. 세상이 관념으로 이루어졌는지 물질로 이루어졌는지를 따지고 싶은 마음은 없어요. 전 다만 관념론이건 유물론이건 세계를 설명하려는 하나의 아이디어라고 생각할 뿐이에요. 관념론이 아이디얼리즘이라고 했죠? 관념론자는 영어로 아이디얼리스트idealist인데, 여기엔 또 다른 뜻이 있어요. '이상주의자'라는 뜻이죠. 그 의미라면 저는 아마 아이디얼리스트가 맞을 거예요. 〈브이 포 벤데타〉에서 가면을 쓴 주인공 브이가 죽기 전에 내뱉는 대사는 "아이디어는 총알에 죽

지 않는다!Ideas are bulletproof!"였어요.

브이의 육체는 피 흘리고 죽지만 그의 아이디어는 사람들에게 '점화'되어, 수많은 군중이 브이가 쓴 가면을 쓰고 단단한 독재 세력에 맞서기 위해 거리로 몰려 나옵니다. 저는 그런 걸 믿어요. 우리를 억압하는 세계는 결국 우리 인간들의 아이디어가 만들어낸 것이고, 우리의 새로운 아이디어가 점화되면 더 나은 세상을 키워낼 수 있을 거라고.

더 나은 세상에 대한 아이디어는 곧 '꿈'이겠죠. 하지만 저는 '꿈'이라는 말보다 '아이디어'라는 말을 이용하고 싶어요. 꿈은 아름답고 시적인 단어이지만, 결코 손에 쥘 수 없는 구름처럼 느껴지니까. 하지만 아이디어는 손에 쥘 수 있는 벽돌이 되어 우리 앞에 다리를 놓을 수 있고, 씨앗이 되어 싹트고 자랄 수 있고, 반짝이는 불꽃이 되어 다른 이에게 옮겨붙을 수 있는 것이죠. 그래서 마틴 루서 킹이 "나에겐 꿈이 있습니다I have a dream", 존 레넌이 "당신은 나를 꿈꾸는 사람이라 할지 모르지만, 나는 혼자가 아니에요You may say I'm a dreamer but I'm not the only one"라고 하면 저는 속으로 꿈이란 단어를 '아이디어'로 번역해서 듣는 거예요. 그러면 그 꿈으로 향하는 벽돌길을 한 장 한 장 놓아가는 내 모습이 보여요. 그럼 저는 적어도 한 발을 내딛게 되겠죠. 그러니까 맞아요. 저는 아이디얼리스트예요.

나는 잔을 들며 말했다.

— 아이디어는 총알에 죽지 않는다.

그녀는 웃으며 잔을 부딪쳤고, 우리는 술을 한 잔씩 더 시켰다.

또
다른
대륙

6 ___ 잔

새로운 잔을 받았다. 이 이상주의자는 지치지도 않는지 오히려 점점 목소리에 즐거운 기운이 가득해졌다. 이런 기운은 전염되는 것이어서, 나도 어쩐지 들뜨는 기분이었다. 시간이 꽤 늦었지만 괜찮다. 내일은 휴일인 것이다.

— 이제 우리는 가장 작고 소박하면서도 가장 거대하고 복잡한 의미를 지닌 '아이디어'란 단어를 갖게 되었어요. 그 의미를 렌즈처럼 사용하면 다양한 씨앗을 발견하고 받아들일 수 있습니다. 그 렌즈는 현미경이 될 수도 있고, 돋보기가 될 수도 있고, 천체 망원경이 될 수도 있습니다. 축척, 그러니까 배율을 바꾸기에 따라서 말이에요.

자, 그럼 아이디어라는 도구를 들고, 발을 들여놓기가 조금은 불경하게 느껴지는 대륙으로 가봅시다.

바로 '예술'이라는 대륙입니다.

작가 플로베르의 아버지는 의사였대요. 논쟁 중에 아버지가 문학은 무얼 위한 것이냐고 묻자, 플로베르는 그럼 비장脾臟은 무엇을 위해 있는 것이냐고 되묻고는 이렇게 말했대요.

"아버지가 그것에 관해 모르듯이 저 역시 모릅니다. 다만 비장이 우리 몸에 필수적이듯, 시도 우리 정신에 필수적이라는 것은 알고 있습니다."

플로베르의 불편한 심기가 느껴지세요? 하하.

이건 맞는 말이겠죠. 예술은 우리에게 아이디어를 주려고 존재하는 게 아닙니다. 또한 우리가 아이디어라는 단어를 아무리 깊고 넓은 정의로 사용한다 해도 그것을 잣대로 예술을 재려고 드는 것은 비장의 목적이 무엇인지 조물주에게 물으려는 것과 같겠죠. 하지만 겁먹거나 주눅 들 필요가 없어요. 우리가 아이디어를 통해 예술을 보는 게 아니라, 예술이 우리에게 아이디어의 범위를 더 넓혀줄 뿐인 것입니다. 자, 이제 우리는 예술이라는 대륙에 닻을 내리고, 한 걸음 내디뎠어요.

　　그녀는 이제 탐험을 인솔하는 사람처럼 보였다. 친절한 말투였지만 어쩐지 결연함이 느껴졌다. 예술이라, 아닌 게 아니라 내게 예술은 항상 신비의 대륙이었다. 나는 소매 단추를 풀어 팔을 걷고 맥주를 한 모금 들이켰다.

—　어쩌면 우리에게 예술에 대한 오해를 심어주고, 우리 앞에 금기의 유리벽을 두른 것은 예술 작품 자체일지도 모르겠어요. 훌륭하게 완성된 하나의 작품을 대할 때면 그것이 지닌 압도적 느낌, 설명하기 힘든 감동, 전에 보지 못한 새로움, 벅찬 경외감 등으로 인해 그 작품이 어느 날 하늘에서 뚝 떨어

진 것처럼 느끼게 되기 때문입니다. 기적이 신을 상정하게 하는 것처럼, 기적 같은 예술 작품은 인간이 그것을 만들어냈다는 걸 믿기 힘들게 하지요. 처음에 말한 창조성의 신화가 여기서 생겨나는 겁니다. 무수한 일화가 신의 사랑을 받은 한 인간에게 덧붙여지고, 그것은 점점 신화로 강화됩니다.

모차르트가 천재였다는 점은 맞겠지요. 하지만 사람들은 그의 천재적인 작품에 초점을 맞추는 게 아니라 수많은 일화를 얘기하고 그가 '신이 내린 사람'임을 단정 지으려 합니다. 그의 태생적 비범함만을 강조하는 거죠. 이를테면 "모차르트가 여섯 살에 작곡을 시작했다" "악보 공개가 금지되던 11여 분짜리 합창곡을 단 한 번 듣고 기억만으로 정확히 사보했다" "그는 머릿속에 이미 교향곡 전체가 작곡되어 있으니 받아쓰기만 하면 된다고 말했다". 이건 모두 물론 놀라운 일이지만, 그의 어릴 적 작품들은 그리 대단한 것이 아니었다는 사실은 회자되지 않아요. 또한 음을 듣고 기억해내는 데 신기에 가까운 재능을 보이는 많은 기억력 천재가 있지만, 그것이 꼭 위대한 작곡 능력으로 이어지는 것은 아니지요. 모차르트의 위대함은 틀림없는 사실이지만, 그것은 사람들이 얘기하기 좋아하는 신기한 가십의 영역과는 분명 다른 부분이에요. 우리는 다만 그가 만들어낸 음악을 통해 남과는 달랐던 그의 시도와 완성을 발견해낼 수 있을 뿐입니다.

로시니*는 오페라 〈세비야의 이발사〉를 불과 13일 만에 썼다고 해요. 동시대 작곡가 도니체티**에게 사람들이 그게 정말이냐고 묻자 그는 "물론이죠. 로시니는 게으르거든요"라고 대답했다지요. 로시니는 미식과 도박을 즐기며 놀기를 좋아하던 사람이어서, 계약 기간 끄트머리에 닥쳐서야 극장주에게 목덜미를 잡혀 끌려가 극장에 붙들린 채 작곡을 했답니다. 원고가 한 장씩 나오는 대로 감시자들이 창밖으로 던지면 밑에 있던 사보가들이 급히 주워 사보를 했다는 이야기도 있지요. 아마 그렇게 꼼짝없이 붙잡혀 썼던 기간은 13일이 맞겠죠.

그런데 〈세비야의 이발사〉 서곡은 로시니가 예전에 작곡한 오페라에서 세 번이나 썼던 걸 네 번째로 똑같이 갖다 붙인 거랍니다. 이전 작품에서 끌어온 다른 부분들로 오페라의 이곳

* 조아키노 로시니Gioacchino Rossini. 이탈리아의 작곡가. 곡을 빨리 쓰기로 유명했다.
** 가에타노 도니체티Gaetano Donizetti. 이탈리아의 오페라 작곡가.

저곳을 메우기도 했대요. 그렇다면 로시니가 〈세비야의 이발사〉를 작곡한 건 13일이 아니죠. 적어도 예전에 서곡을 작곡하던 기간은 누락된 거잖아요. 하지만 "24세의 로시니가 상연 시간이 2시간 15분이나 되는 〈세비야의 이발사〉를 단 13일에 썼다"는 얘기는 지금까지도 회자되지요. 사실은 걸러지고, 신화만 남은 것입니다.

그래서 예술가의 일화는 천재, 광기, 벼락 같은 영감, 기적 등의 화려한 단어로 점철되는데, 이것은 창의성의 본질에 대한 심각한 왜곡을 가져옵니다. 수없이 많은 가능성의 갈래 사이에서 갈등하고 실험하고 선택해야 하는 예술가의 분투와 집중, 끈기, 성실성 등등은 저 화려한 단어들 뒤로 숨어버리기 때문이죠.

그녀는 탐험 안내자로서 유의 사항을 다시금 숙지시킨 뒤, 와인 한 모금을 마시고 행보를 계속했다.

— 스페인에 여행 갔을 때, 마드리드의 레이나 소피아 미술관에서 피카소의 그 유명한 〈게르니카〉를 봤어요. 압도적이었죠. 가로 8미터, 세로 3미터의 거대한 캔버스에 그 역동적인 구도와 뒤틀리고 차오르는 힘이라니!

피카소, 〈게르니카〉, 1937

레이나 소피아 미술관에 걸린 〈게르니카〉

— 가로 8미터, 세로 3미터면 이 술집 전체 넓이랑 비슷하겠는데요.

— 누구라도 그 작품 앞에 서면 경외감을 느낄 수밖에 없을 거예요. 게다가 그는 이 거대한 작품을 불과 한 달 반 만에 그려냈지요. 크기만 고려해도 믿을 수 없이 빨리 그린 것인데, 작품의 복잡성과 완성도까지 생각하면 그야말로 기적 같습니다. '신의 도움'을 상상하게 되는 것이죠.
피카소는 나치의 게르니카 폭격에 너무도 화가 나서 이 그림을 그렸다고 해요. 분노 에너지와 짧은 제작 기간을 고려할 때, 사람들은 피카소가 손전등으로 허공에 켄타우로스를 그려낼 때와 같이 내내 확신에 가득 찬 상태였을 거라고 상상하기 쉽습니다.
에롤 가너의 〈미스티〉가 머릿속에 떨어졌을 때처럼, 모차르트의 머릿속에 이미 교향곡이 작곡되어 있을 때처럼, 미켈란젤로가 대리석 속에 이미 들어 있는 형상을 조각으로 해방시킬 뿐이라고 얘기한 것처럼 피카소의 머릿속엔 이미 완성된 그림이 들어 있었고 그걸 광포한 붓놀림으로 표현해냈을 거라고 말이지요. 완전히 손에 익은 기예와 번뜩이는 영감에 사로잡힌 천재 화가!

〈라이프〉에 실린, 손전등으로 허공에 그림을 그리는 피카소

— 〈게르니카〉가 걸린 전시실 건너편 방에는 사진작가이자 피카소의 여자 친구이던 도라 마르Dora Maar가 기록해둔 〈게르니카〉 제작 당시의 사진들이 전시되어 있었어요. 첫 사진은 밑그림이었죠.

완성된 〈게르니카〉를 처음 보면 그 어떤 것보다 가운데의 뒤틀린 말 머리가 맨 먼저 강렬하게 시선을 사로잡습니다. 그림을 본 적 있는 사람에게 말로 묘사해보라고 하면 틀림없이 "말 머리가 있고……"라고 시작할 거예요. 그런데 이 스케치에는 놀랍게도 말 머리가 없었습니다. 대신 움켜쥔 주먹이 위쪽을 향해 직선으로 뻗어 있었어요. 다른 요소들은 완성작과 거의 다를 것이 없습니다. 자세히 보면 말의 몸통에 해당하는 부분은 처음부터 있었죠.

여러 장의 사진을 통해 스케치를 그림으로 완성해가는 과정을 따라가다 보면 말 머리는 후반부에 그야말로 '튀어'나옵니다. 그림을 그려가던 중에 피카소는 직선의 주먹보다 좀 더 역동적인 무언가가 있어야겠다고 판단했겠죠. 그러고는 구도, 역동성, 색깔, 형태, 의미 등 많은 경우의 수를 놓고 생각하다가 뒤틀린 말 머리로 수정한 것입니다. 결과적으로 좋은 아이디어였죠. 예술가가 작업하는 것은…….

이때 손님 여럿이 일어서는 바람에 우리는 의자를 당겨주어야 했다. 그중 한 사람은 좀 취했는지 비틀거렸다. 그가 무사히 술집을 나가는 것을 지켜본 후, 그녀가 말을 이었다.

— 예술가가 작업하는 것은 이와 같아요. 소품의 경우에는 순간의 영감이 지배적일 때도 있지만, 조금 더 복잡하고 다층적인 작품 제작에 돌입한 예술가는 그간 쌓아온 기예를 바탕으로 순간순간 직관과 판단력에 따라 선택을 하는 것입니다.

도라 마르가 기록한 〈게르니카〉 제작 과정

이미 장대한 스케치를 마치고 채색에 들어간 피카소는 그 와중에도 무언가 더 나은 것을 원했죠. '무언가, 이것보다 더 나아질 수 있다……' 그는 바쁜 작업 과정 중에 끊임없이 **몇 걸음** 떨어졌다가 가까이 다가가기를 반복하며 **더 나은** 상태를 만들기 위한 판단을 거듭했습니다. 그에게 "이제 되었다"고 말해주는 사람은 아무도 없었죠. 그는 조금씩 조금씩 캔버스를 메워갔고 마침내 어느 순간, 스스로 '이제 되었다'는 생각이 들 때 비로소 붓을 내려놓았습니다.

그렇게 해서 완성된 결과물은 우리를 압도합니다.

나는 그녀의 이야기를 가만히 들으며 맥주를 들이켰다. 그녀는 얇게 저민 치즈 한 조각을 먹고는 얘기를 이어갔다.

— 그건 매 순간 '더 나은 것'을 만들려는 예술가의 선택이 쌓여서 태어난 것이죠. **"이러면 좀 낫지"**라는 말 생각나세요? 피카소가 〈게르니카〉를 그릴 때 쏟아 넣은 것은 수천수만 가지의 아이디어예요. 그건 아주 다양한 층위에 걸쳐 있고, 유기적으로 영향을 주고받습니다. 세포와 세포가 결합해서 유기체를 이루는 것과도 같지요.

'더 나은 것'을 만들려는 예술가의 모든 선택은 아이디어라고 부를 수 있어요. 그렇다면 우리가 아까 이 예술이라는 대륙에 올 때 들고 내린 도구를 꺼내봅시다. '아이디어의 렌즈'를 꺼내서, 배율을 크거나 작게 변경해가며 각자가 발견할 수 있는 아이디어를 찾아보는 거예요.

이건 피카소가 〈게르니카〉를 그릴 때 캔버스에서 몇 걸음 떨어졌다가 가까이 다가가는 과정과도 비슷해요. 몇 걸음. 작가와 감상자가 행하는 이 몇 걸음은 전체와 부분을 오가는 감을 익히게 하므로 아주 중요합니다. 예술 작품을 사람이라고 친다면, 아주 작게는 세포와 세포의 결합이라고 볼 수도 있죠. 머리, 몸통, 팔, 다리의 결합이라고 볼 수도 있습니다. 뼈와 근육으로 이루어졌다고 볼 수도 있고요. 우리는 그렇게 이루어진 사람의 목소리와 눈빛에 사로잡힐 수도 있지요. 그 사람의 생각과 성품에 반할 수도 있습니다.

〈게르니카〉를 놓고 아이디어의 렌즈를 사용해 이곳저곳을 들여다보면, 당신은 그림의 모든 요소 하나하나에서 뭔가를 발견할 수 있을 거예요. 모든 기법, 주제, 소재, 구도, 색채, 조화, 느껴지는 감각과 감정까지도요. 직선의 주먹을 뒤틀린 말 머리로 바꾼 선택, 색채를 배제한 선택, 거대한 작품을 그리자는 선택, 황소와 말 그리고 토막 난 민중 등의 형상을 요소로 쓰자는 선택, 게르니카 폭격을 주제로 하자는 선택 등……. 이 그림 하나를 놓고도 우린 밤새도록 크고 작은 아이디어를 발견할 수 있어요. '말의 콧구멍 두 짝을 어떻게 그려 넣을 것인가'에 대한 피카소의 선택도 당연히 엄연한 '아이디어'가 됩니다.

캔버스에서 멀찍이 떨어진 곳까지 걸어와서, 다시 말해 축척을 변경해서 그 모든 요소가 합쳐져 전체적으로 자아내는 특별한 감각을 느낀다면, 그것까지도 하나의 아이디어가 됩니다. 감각은 아주 주관적인 영역이고 정답이란 없으니까 작가가 주려고 의도하지 않은 아이디어들까지도 우리는 얼마든지 얻어갈 수 있지요.

— 주려고 하지 않은 것까지 얻을 수 있다…….

— 네, 노스럽 프라이Northrop Frye•는 이런 말을 했어요. "비평은 말할 수 있지만, 모든 예술은 말없는 것이다"라고요.
〈게르니카〉는 그저 거기 있을 뿐이죠. 하나의 유기체로서, 또는 플로베르가 말한 비장으로서 존재합니다. 말하는 건 발견

• 캐나다 출신의 문학비평가.

자의 몫이에요. 새는 인간에게 아이디어를 주려고 하늘을 나는 게 아니지만, 인간은 새를 보고 비행기의 아이디어를 얻을 수 있으니까. 우린 프라이처럼 권위 있는 비평가도 아니니 더 마음대로 말할 수 있죠. 예술 작품에 스민 아이디어들을 발견하는 건 일견 예술에 대한 얕은 접근법처럼 여길지 모르지만, 사실 모든 위대한 예술가들도 이런 식으로 아이디어를 주고받습니다. 스스로도 인식하지 못할 정도로 무의식적인 차원에서라도 말이에요. 누군가의 이러저러한 새로운 시도는 그것을 알아볼 수 있는 눈을 지닌 사람에게로 '씨앗'이 되어 옮겨가지요.

게다가 이 씨앗은 미술이면 미술 안에서만 퍼져나가는 게 결코 아니에요. 피카소는 대단한 잡식성이었죠. 미술뿐만 아니라 당대의 가장 혁신적인 담론들, 이를테면 상대성이론에서도 씨앗을 흡수해서 작품으로 피워내는 사람이었어요. 그런가 하면 돌연 원시미술이 지닌 단순성과 소박함으로부터 씨앗을 받아들여 새롭고도 현대적인 작품으로 훌륭하게 피워낼 수 있었죠. 92세로 죽을 때까지, 피카소의 소화력은 그야말로 엄청났습니다. 그는 대단한 기예를 지닌 사람이었지만, 결코 한 양식 속에 지그시 몸을 담그는 사람이 아니었어요. 그는 한 유파에 속할라치면 또 새로운 양식과 주제로 넘어가

새는

인간에게 아이디어를 주려고

하늘을 나는 게 아니지만,

인간은 새를 보고

비행기의 아이디어를 얻을 수 있으니까.

새로운 유파를 창시하곤 했죠.

나는 눈앞에 흔들리는 촛불에 시선을 고정한 채 그녀의 이야기를 주의 깊게 들었다.

— 위대한 아이디어 또한 부분으로 수행됩니다. 그리고 부분을 줌인zoom-in해 들어가면 가장 위대한 그림도 붓질로 이루어진다는 것, 가장 위대한 문학작품도 단어로 이루어진다는 것, 가장 위대한 무용도 동작으로 이루어진다는 것을 알게 되죠. 예술가는 자기 분야의 기예와 착상에서 남들보다 훌륭하게 타고나기도 했지만, 남들보다 훌륭하게 단련된 사람들이기도 합니다. '도대체 이런 작품이 어떻게 가능한 것인가?' 하고 경외감을 갖는 것은 좋아요. 하지만 그 작품들도 부분으로 이루어졌으며, 예술가가 어떤 솜씨로 어떻게 새로운 선택을 했는지 살펴보는 것은 언제나 즐거운 일이죠.

당신이 예술가가 내리는 일련의 선택 과정을 아이디어라고 이름 붙인다면, 그것이 다른 아이디어로 대체될 수도 있었을 거란 생각을 하게 됩니다. 그렇다면 예술 작품은 더 이상 절대 변할 수 없는 완결된 실체로 자리하기보다는 예술가의 가장 원대하고 또 가장 디테일한 아이디어의 연속된 결과물로 여겨지게 될 거예요.

●

긴 연설을 마치고 그녀는 와인으로 목을 축였다. 그녀의 말은 맞는 것 같으면서도 나에겐 어딘지 동의할 수 없는 부분이 있었다. 그걸 뭐라고 표현해야 할지 알 수 없었다.

— 하지만…… 판단할 시간이 없다면요?

그녀는 두 눈에 물음표를 담아 나를 쳐다보았다.

— 그러니까…… 음. 당신 얘길 들어보면, 예술가가 작품을 만들 때 말이에요, 왔다 갔다 몇 걸음씩 그림 앞으로 다가갔다 멀어졌다 하면서 판단하고 선택해나간다는 거잖아요. 그런데 그렇게 판단할 시간이 없는 예술, 이를테면 재즈의 즉흥 연주 같은 건 어떤가요? 존 콜트레인John Coltrane*이 같은 곡

• 미국의 재즈 색소폰 연주자이자 작곡가.

을 연주하더라도 어떤 연주를 들을 땐 큰 감흥을 못 느끼다가 어떤 연주에서는, 뭐라고 해야 하나, 아득해져버릴 때가 있어요. 뭔가가 솟구치는 것처럼요. 그럴 때 콜트레인은 당신이 말하는 것처럼 어떤 설계자 같은 사람이 아니라 무슨, 작두 탄 영매 같다고요. 뭐에 씌인 것처럼. 저는 그럴 때 예술의 위대함 같은 걸 찌르르 느끼거든요.

그녀는 물음표를 느낌표로 전환하며 눈을 반짝였다.

— 콜트레인의 재즈는 어떤 느낌인가요?

— 광활해요. 어마어마하게 넓고 깊어요. 우주 같아요.

— 근사하네요. 그럼 콜트레인은 뭔가가 솟구치기를 기다리는 타입이었나요? 어떤 파도가 자기를 휩쓸어가기를?

— 음, 아니요. 그는 진지하고 성실한 연주자였어요. 엄청나게 노력하는 사람이었고요. 연주할 때 빼고 거의 모든 시간을 색소폰 연습에 매진했어요. 오로지 예술만을 생각한 사람이었죠. 마치 구도자처럼.

— 그 과정이 대상을 관찰하고 붓질과 데생을 수없이 오랜 시간 연구하는 화가와 비슷하지 않나요. 저라면 콜트레인이 '어마어마하게 넓고 깊은 재즈'라는 아이디어의 밑그림을 그려왔다고 생각하겠어요. 그걸 즉흥적으로 표현할 수 있는 색소폰의 세밀한 가능성을 오랜 시간 탐색해왔고요. 즉흥성과 비의도적인 우연성을 수용하는 것도 하나의 아이디어이고…….

아니 아니, 이런 설명은 부질없어요. 그건 그냥 무언가가 깃드는 거죠. 설명할 수 없는 무언가가.

한 편의 시가 태어나는 과정을 우리가 어떻게 알겠어요. 그래서 아름답죠. 알 수 없어서. 그 단어들이 어디서 오는지는 그걸 쓴 시인도 모를 거예요. 하지만 불가사의한 과정을 거쳐 일단 시가 태어나면, 우리는 거기서 아이디어를 얻을 수 있습니다. 콜트레인이 색소폰으로 열어젖힌 재즈의 크기만큼, 당신이 감탄하며 음미하는 깊이만큼 당신의 아이디어는 더 늘어나는 거예요. 그 아이디어를 설명할 필요는 없죠. 우린 그냥 느끼는 만큼 얻는 거예요.

　얘기를 듣다 보니 나는 별로 반박하고 싶은 마음이 없어져 잠자코 있었다. 그녀는 수첩에 '존 콜트레인'이라고 쓰고 밑에다 뭔가를 적어 넣었다.

— 저기…… 제가 좋아하는 콜트레인의 연주를 들려드리면 못 견디실지도 몰라요. 초심자가 들으면 그냥 소음 같을 거예요.

그녀는 무슨 말인지 잘 안다는 듯 고개를 끄덕였다.

— 어떤 예술 장르에 관심이 생기면 그 장르의 많은 작품을 접해보게 되잖아요. 이론서를 읽어보기도 하고 비평의 도움도 받아가면서요. 지식과 경험치가 어느 정도 생기면 점점 발견하는 게 많아지고 재미가 생기죠. 남들은 쉽게 재미라고 느끼지 못하는 것들을 발견하는 재미도 있고.

— 그렇죠. 아는 만큼 보인다니까.

— 맞아요. 훌륭한 예술에는 우리가 얻을 수 있는 무한한 아이디어가 쌓여 있습니다. 우리가 발견하려고만 들면 말이에요. 온갖 양식을 대담하고 화려하게 넘나드는 피카소에게서만 아이디어를 얻을 수 있는 건 아니죠. 정물화로 유명한 샤

르댕*의 영역은 평생 테이블 언저리를 벗어난 적이 없고, 그는 언뜻 늘 비슷한 수법으로 그림을 그린 것 같지만, 그 소우주 속에서도 우리가 얻을 수 있는 아이디어는 무한하지요. 섬세한 관찰의 대가였던 프루스트**는 샤르댕의 〈가오리〉라는 작품을 보고 이렇게 말했어요.

> "그 가오리의 붉은 피, 푸른색의 신경 및 백색 근육질과 어우러진 이 이상한 괴물 형상이 마치 대성당에서 볼 수 있는 중앙 회중석의 거대하면서 섬세한 구조적 아름다움에 견줄 만큼 훌륭하다."

그녀가 휴대폰으로 보여준 그림을 보고 나는 말했다.

— 그렇게 생각하니 축척이 바뀌는 것 같네요. 벽에 걸린 가오리의 크기나 구조가 대성당만큼 무게감 있게 다가와요.

— 영화나 만화나 가요처럼 늘상 즐기는 온갖 대중 예술에서

• 장 바티스트 시메옹 샤르댕Jean Baptiste Siméon Chardin. 18세기 프랑스의 화가.
•• 마르셀 프루스트Marcel Proust. 《잃어버린 시간을 찾아서》로 유명한 프랑스의 소설가.

도 관심을 기울이면 수많은 아이디어를 발견할 수 있어요. 그러니 문화를 즐기는 건 창의성에 큰 도움이 될 수밖에 없죠. 아이디어라는 렌즈에 점점 더 눈이 익게 되면 사람들이 미숙한 작품이라거나 실패작이라고까지 말하는 것에서도 빛나는 아이디어의 씨앗을 발견할 수 있어요. 다만 부분에 그쳤거나 제대로 완성이 되지 않았을 뿐인 거죠. 기대치 않은 발견의 쾌감은 큽니다.

— 맞아요. 어느 분야의 '덕후'가 되어가는 이유이기도 하죠.

— 네, 완성이 아닌 시도 자체의 반짝임을 발견하려는 시각은 제 친구가 배스킨라빈스에서 새로운 아이스크림을 시키던 것과 같은 태도예요. 이런 태도는 새로운 아이디어를 발견하는 데 아주 유리합니다. 걸작에서만 무언가를 배울 수 있다고 생각하지 않으니 훨씬 더 유연해지기도 하죠. '아이디어의 렌즈'라는 도구는 쓰기 나름이에요. 몇 걸음 다가가고 몇 걸음 멀어지면서 부분에서도 발견하고 전체에서도 발견하려는 눈은 커다란 가능성을 열어젖힙니다.

당신은 재즈를 좋아하니까 거기서 아이디어를 무궁무진하게 발견할 수 있을 거예요. 언제나 자기가 좋아하는 것에서 시작

샤르댕, 〈가오리〉, 1725

하는 게 좋죠. 좋아하는 곡을 들으며, 그 곡이 다른 곡과 뭐가
달라서 당신이 좋아하는지 생각해보세요. 거기에 그 곡의 아
이디어가 있습니다. 또 재즈의 역사를 아이디어의 관점에서
한번 생각해보세요. 한 뮤지션이 그 이전의 사람들과 어떻게
달랐는지를. '누구의 영향을 받았다'라는 문장을 '누구의 아
이디어를 자기 것으로 만들어냈다'라고 생각하면서요. 그들
각자의 개성은 모두 그들만의 아이디어이기도 하니까요.

마침 빌 에번스 트리오Bill Evans Trio의 연주가 흘러나오고 있었다. 나는 빌 에번스와 스콧 라파로Scott LaFaro, 폴 모션Paul Motian이 서로 주고받았을 아름다운 아이디어들에 대해 생각했다.

— 사람마다 취미와 취향이 다르니 우리 각자가 얻게 되는 아이디어는 다 다를 거예요. 하지만 그 아이디어에 스며 있는 태도는 모두 같아요. 그건 다름이 아니라,

그녀는 드라마틱한 효과를 노리는 연주자처럼 잠깐 말을 멈추었다가 입을 떼었다.

— '이러면 좀 낫지'라고요.

우리는 술을 한 잔씩 더 시켰다.

벽과의

전쟁

7___잔

나는 시계를 흘끗 봤다. 밤이 깊어지고 있었다. 바쁜 시간이 지난 술집 주인 황은 우리에게 술을 따라주고는 자기 것도 한 잔 따라 벌컥벌컥 마셨다. 나는 그녀에게 밤이 깊었는데 괜찮냐고 물었고, 문제없다는 답이 돌아왔다.

— 저는 집이 여기서 3분 거리라 이따 걸어가면 돼요.

— 이 동네 오래 사셨어요?

— 네, 10년도 넘었죠.

— 이 주변은 눈 감고도 다니시겠네요.

— 그럼요.

— 창의성 면에선 경계해야 할 태도이지요. 사람들은 정말 눈을 감고 다니거든요. 사람의 머리란……

— 어이쿠, 잠깐만요. 한 모금 정도는 마시고 시작하자고요.

나는 막 따라서 거품이 덮인 맥주잔을 천천히 기울였다. 그녀가 흔들리는 눈빛으로 말했다.

— 제가 너무 말이 많죠? 간단히 맥주나 한잔하시려다가 시간이 이렇게 되도록 붙잡혀 계신 건 아닌지…….

— 아니에요, 재미있게 듣고 있어요.

그녀는 안심한 표정을 지었다. 나는 맥주잔을 내려놓았다.

— 이제 다시 시작해볼까요?

그녀는 잠시 어색한 미소를 지었지만 이내 활기찬 목소리로 이야기를 시작했다.

— 사람의 머리란 엄청난 정보를 효율적으로 처리하고 보관하기 위해 자동으로 카테고리를 나눠 단순화 작업을 하거든요. '이미 알고 있다'고 받아들이면 그것에 주의를 기울이지 않게 되지요. 눈을 감고 다니는 것과 같아요. 어릴 때는 "이건 뭐야?" "이건 왜 이래?"라는 질문을 하루 종일 입에 달고 살잖

아요. 왜냐하면 아직 머릿속이 말랑말랑해서 틀이 잡혀 있지 않기 때문이에요. 시간이 갈수록 우리는 질문을 하지 않게 되죠. 머릿속은 서랍장처럼 구획되어버려서 뭔가를 접하면 자동적으로 어느 서랍에 넣고 닫아버릴지를 잘 알기 때문이지요. 아니, 잘 안다고 생각하기 때문이에요.

장기하의 〈싸구려 커피〉라는 노래 아시죠?

— 알죠.

— 그 노래 중간에 랩이 있잖아요.

— 랩요? 랩……이죠. 랩……인가?

— 그러게요. 그게 뭐죠?

— 랩이라기엔 너무 구수하잖아요?

— 내레이션일까요?

— 내레이션이라기엔, 음, 제법 딱딱 떨어지는 라임도 있어요.

— 랩이라고 하기도, 아니라고 하기도 이상한 무언가이지요. 그건 랩이라는 서랍 속에 넣고 쉽게 닫아버릴 수가 없는 거예요. 적어도 '랩'과 '내레이션'과 '판소리 사설'이라는 세 개 정도의 서랍 앞에서 머뭇거리게 되죠. 이게 랩인가 아닌가? 그렇다면 랩과 신세한탄의 경계는 어디서부터인가? 그렇게 장기하는 희한한 방식으로 랩의 지평을 넓혀놓았다고 볼 수도 있고, 또는 랩의 경계선 안으로 반쯤 쓱 발을 들이밀었다고 볼 수도 있어요. 어쨌거나 그걸 듣는 순간 '호오, 이것 참' 하는 느낌을 받았다면 그 순간 장기하의 아이디어는 당신 안으로 들어와 어딘가를 돌아다니게 되겠죠.

— 어쨌거나 들어갈 서랍도 없으니까요.

— 하하, 그렇죠. 당신은 이 동네에선 눈을 감고 다녀도 불편함이 없겠지만, 처음 가는 낯선 길로 접어든다면 눈을 뜨고 이리저리 둘러볼 수밖에 없을 거예요. 새로운 정보를 처리해야 할 테니까요. 예술이 우리에게 주는 많은 즐거움 중에는 이렇듯 서랍 속에 넣어버릴 수 없는 뭔가를 우리 앞에 던져준다는 점도 있습니다. 예술이란 작게든 크게든 벽을 넘어가는 속성을 지녔죠. 아무런 벽도 넘어가지 않는 예술은 그저 진부

하기만 할 거예요. 그래서 좋은 예술은 언제나 신선하죠.

벽은 끝없이 자라나요. 깜짝 놀랄 만큼, 끊임없이 자라나고 단단해집니다. 당연하기도 해요. 그런 벽이나 틀이 없다면 우리는 무언가의 체계를 세울 수도, 뭔가를 평가하거나 배울 수도 없을 테니까요. 벽은 인식의 출발점이죠. 이 벽을 기준으로 이쪽은 A라고 하고, 저쪽은 A가 아니라고 정해두는 거예요. 많은 것이 그 벽으로부터 출발하고, 많은 성과가 그 벽 안에서 이루어집니다. 시간이 갈수록 벽은 단단하고 익숙한 안정감을 주죠.

— 그러나 동시에 많은 걸 벽으로 가로막아버리기도 하겠죠.

— 그렇죠. 그렇게 단단하고 높아진 벽이 바로 '고정관념'이에요. 영어로 고정관념이 뭘까요? 전 이걸 알고서도 좀 허탈했는데.

— 스테레오타입stereotype?

— 아, 그 단어도 있지만 제가 말하려던 건 픽스트 아이디어

fixed idea였어요.

— 관념이 영어로 아이디어라고 했으니까, 붙박힌, 고정된 아이디어. 그렇군요. 어이없을 정도로 쉬운 말이네요.

— 그죠? 한자어로 된 네 글자 단어는 고사성어 같아서인지 다소 무거운 느낌이 들어요. '픽스트 아이디어'라는 말은 고정된 부분만 풀어주면 다시 스르륵 이리저리 움직일 것 같지 않아요? 반면에 고정관념이라는 말은 풀숲을 짓누르는 육중한 바윗돌처럼 느껴져서 그걸 깨부수려면 나 혼자 힘으로는 어림도 없을 것 같고요.

— 음…… 확실히 그렇군요. 고정관념을 '깨라'고들 하지만, 말에서부터 이미 쉽지 않은 느낌이 들어요.

— 고정관념은 아이디어의 가장 큰 방해물이에요. 오랜 반복으로 머릿속에 높은 장벽이 세워져버리면, 절대로 넘을 수 없는 무언가처럼 위력을 발휘하게 돼요. 개개인의 머릿속에서도, 집단의 생각 속에서도 그렇죠. 인습이 되는 거예요.
그러다 어느 날, 누군가 도움닫기를 해와서 사뿐히 그걸 뛰어넘는 걸 보면 우리의 인식 속에서 장벽은 낮아지고 말랑해져 버립니다. '뭐야, 저거 넘어갈 수 있는 거였어?' 꿈속에서 곧잘 그러듯이, 결코 쓰러지지 않을 단단한 벽이라고 생각했던 것들도 사실은 손가락 두 개 정도를 갖다 대고 살짝 밀면 어이없이 스르륵 넘어가버릴 때가 있어요.

— "벽을 눕히면 다리가 된다."

그녀는 취기 도는 사람 특유의 한없이 인자한 미소를 띠고 날 바라보며 말을 계속했다.

— 왜냐하면 우리가 벌레였을 때(그녀는 실제로 이렇게 말했다) 우리의 우주였던 그 거대하고 아름다운 나무도 실은 사람의 머릿속에서 나온 것임을 이제 우린 알고 있잖아요. 지도에 굵은 선으로 그어져 있고 지나가려면 여권을 들고 복잡한 심사대를 통과해야 하는 국경이라는 단호한 경계선도 하늘이 내려준 게 아니라 실은 인간이 그은 선이라는 걸 이젠 알고 있어요. 머릿속에 지금도 자라나고 있는 수많은 벽들은 사실 우리가 어찌할 수 없을 만큼 높고 단단한 건 아닐 거예요.
높은 벽을 뛰어넘은 사람 얘길 하나 해야겠네요. 메타포가 아니라, 진짜 높이뛰기 선수 얘기예요.

　　그녀는 수첩을 뒤졌다.

　— 1968년 멕시코 올림픽에서 한 무명 선수가 세계신기록을 세우며 금메달을 땄어요. 그의 이름은 딕 포스베리Dick Fosbury. 이제 그는 무명 선수가 아니라 세계 스포츠 역사에 길이 남게 되었죠. 왜냐하면 그는 처음으로 '거꾸로 뛴' 선수이기 때문이에요. 이전까지 모든 높이뛰기 선수들은 바를 정면으로 향하고 뛰었어요. 그런데 포스베리는 바를 향해 달려오더니 몸을 뒤틀어 그 위에 거꾸로 눕듯이 바를 뛰어넘어버렸어요! 전무후무한 뛰기법이었죠. 그는 기존 최고 기록보다 6센티미터나 더 높이 뛰었어요. 그의 방식을 '포스베리 플롭Forbury Flop'이라고 부르는데, 지금은 모든 높이뛰기 선수가 그 방법으로 뛰는 게 당연해져 있죠. 하지만 그건 1968년 이전에는 볼 수 없는 방식이었던 거예요.

　— 와…… 그걸 본 사람들은 정말 깜짝 놀랐겠네요. 혼자만 완전히 반대의 방식이었는데 세계신기록을 세웠으니.

— 얼마나 신기했겠어요. 포스베리는 '높이뛰기는 정면으로 뛰는 것이다'라는 머릿속의 벽을 뛰어넘음으로써 당시까지 누구도 넘지 못했던 높이의 바를 뛰어넘을 수 있었던 거죠.

— 대단하네요. 메타포적으로나 기록적으로나.

— 사람들은 스포츠를 '더 높이, 더 빨리, 더 힘차게'로만 생각하기 때문에 그저 열심히 훈련하는 것만이 길이라고 여겨요. 하지만 '더 높이, 더 빨리, 더 힘차게'에 도달하기 위한 '더 나은' 길이 있을 수도 있죠. '주어진 조건 안에서 열심히'가 아니라 주어진 조건이 정말로 무엇인지를 생각해보는 것. 내 앞을 가로막고 있는 벽이 정말로 단단한 벽인지 아니면 내가 밀어 넘어뜨리거나 뛰어넘을 수 있는 벽인지를 실험해보는 것 말이에요.

그녀는 와인을 한 모금 마시고 얘기를 이어갔다.

— 자, 두 번째 얘기예요.
1896년 제1회 아테네 올림픽 육상 100미터 경기였죠. 토머스 버크Thomas Burke라는 선수가 출발선에 섰어요. 아니, 웅크렸

고정관념은 아이디어의 가장 큰 방해물이에요.

바르다는 건 효율적인 방법일 수도 있지만,

고정관념일 수도 있는 거예요.

어요. 다른 선수들은 반듯이 서서 뛸 준비를 하고 있었는데, 그는 바닥에 손을 대고 몸을 잔뜩 숙인 채 출발 준비를 했지요. 덕분에 남들보다 월등히 폭발적인 스타트를 할 수 있었던 그는 이 경기에서 금메달을 따면서 동시에 근대 올림픽 최초의 금메달리스트로 기록됩니다. 이 방법을 '크라우치 스타트'라고 해요. 지금은 육상 트랙에 아예 스타팅 블록을 설치할 만큼 보편적인 방법이 되었죠.

— 아무도 그러지 않을 때 한 선수가 그냥 시작한 방식이라니, 이거 한 방 맞은 느낌이 들어요.

— 좋아요. 그 느낌을 잘 기억하세요. 또 한 예는 수영에서의 혁신이에요. 1936년 베를린 올림픽 배영 100미터 경기에서 아돌프 키퍼Adolph Kiefer라는 선수가 금메달을 땄어요. 그는 그 전 해에 16세의 나이로 배영 100야드 부문에서 마의 1분 벽을 깬 세계 최초의 선수이기도 했어요. 나이 어린 소년이 쟁쟁한 수영 선수들 누구도 깨지 못한 기록을 단축시킬 수 있었던 건, 그가 누구도 시도하지 않았던 방식으로 턴을 했기 때문이에요. 다른 선수들은 끝까지 헤엄쳐 가서 손으로 벽을 터치하고 턴했지만 그는 벽 가까이에서 몸을 미리 회전시킨 뒤

에 발로 벽을 차면서 턴을 했어요. 지금까지 헤엄쳐 온 가속력을 되받아 이용하는 방법이었죠. '텀블 턴', 또는 '플립 턴'이라고 부르는 이 방식은 이젠 아시다시피…….

— 모두가 하는 방식이죠.

— 그래요. 이젠 거꾸로 뛰는 게 바르게 뛰는 것이고, 웅크려 출발하는 게 바르게 출발하는 것이며, 뒤집어 턴하는 게 바르게 턴하는 게 됐죠.

— 결국은 바르다는 게 영원히 바른 건 아니라는 거군요. 지금은 모두들 거꾸로 뛰니 그게 바른 방식이 된 거고.

— 그거예요. 바르다는 건 효율적인 방법일 수도 있지만, 고정관념일 수도 있는 거예요. 오른손을 '바른손'이라고 하는 것처럼요. 오른손잡이가 더 많다뿐이지 그게 바른 건 아니잖아요.

— 얘기를 듣다 보니 생각나는데, 이건 그렇게 역사적인 얘기는 아닐지 몰라도요. 저는 농구를 좋아하는데 '앨리웁alley-oop'을 볼 때마다 멋있어서 소릴 지르거든요. 그런데…….

— 앨리웁이 뭔가요?

— 아, 앨리웁은 패스된 공을 점프해서 받고는 공중에 뜬 채로 바로 골을 넣어버리는 기술이에요. 받아서 바로 덩크를 하면 앨리웁 덩크가 되고요. 일단 착지해서 한 박자 쉬지 않고 바로 터지는 기술이라 볼 때마다 허를 찔린 기분이 들면서 진짜 멋있어요. 근데 언젠가 이 기술이 1970년대 초반에 어떤 사람이 개발한 거라는 기사를 봤어요. 그때 '우와! 지금 봐도 너무 멋있는 이 기술을 역사상 처음으로 시도했을 때 그걸 본 사람들은 얼마나 눈이 휘둥그레졌을까' 하는 생각을 한 적이 있어요. 막으려던 수비수도 이게 도대체 뭐야 싶었을 테고 말이죠.

그녀는 고개를 끄덕이며 수첩에 '앨리웁'이라고 쓰고는 뭔가를 꼬물꼬물 더 적어 넣었다.

— 그건 왜 쓰세요?

— 아이디어는 연결되어 있으니까요.

그녀는 빙긋 웃으며 펜을 내려놓았다.

●

— 스포츠 중에서 제가 정말 못 보는 건 복싱이에요. 때려서 눈두덩이 터지고, 피가 흐르고. 전 복싱을 보는 게 너무 힘들어요.

— 전 복싱이나 격투기를 좋아합니다. 가장 원초적인 스포츠라고 생각해요.

— 그 취향은 존중해요. 어쨌든 그런 제가 어느 날 밤에 잠이 안 와서 TV를 이리저리 돌려보다가 '세기의 경기'를 다룬 다큐멘터리에서 무함마드 알리와 조지 포먼의 경기를 보게 되었어요.

— 아, 그건 정말 세기의 경기였죠. 럼블 인 더 정글Rumble in the jungle.

— 그게 뭐죠? 럼블 뭐요?

— 럼블 인 더 정글. 그 경기 별명요. 유명한 알리 경기는 다 이름이 따로 있어요. 조지 포먼전은 아프리카 자이르의 킨샤사에서 벌어져서 럼블 인 더 정글, '정글의 혈투'라는 이름이 붙었죠.

— 와, 정말 좋아하시나 봐요. 수십 년 전 일인데.

— 정확히 1974년이에요. 알리 경기는 클래식이에요. 시공을 초월해서 위대하죠. 〈알리〉라는 영화도 있었잖아요. 윌 스미스가 주연이고요. 아! 그 영화 마지막에 제일 중요하게 나오는 경기가 럼블 인 더 정글인데.

— 그 경기가 지금까지도 그렇게 유명한 이유가 뭘까요?

— 기적이 일어났기 때문이죠! 도박사들은 모두 알리가 질 거라고 예측했는데, 버티고 버티던 알리가 8회에 원투 펀치를 날리는 순간 조지 포먼이 휘청하더니 쿵 쓰러졌죠. 와, 전 지금까지 복싱에서 그렇게 드라마틱한 승부는 본 적이 없어요.

— 네, 저도 그 경기는 눈을 떼지 못하고 봤어요. 사람들은 젊

은 조지 포먼의 막강한 주먹과 체력, 근력 때문에 그가 이길 거라고 생각했지만 그들이 간과했던 요소가 승부를 뒤집어 놓았죠. 바로 알리의 창의력이었어요.

알리 얘기가 나오자 신이 났던 나는 순간적으로 좀 어색한 느낌이 들었다. 창의력이라고? 내 머릿속에서 이전까진 복싱과 연결 지은 적 없던 단어였기 때문이다. 하지만 다음 순간 나는 그녀의 말을 잘 이해할 수 있었고, 그건 아주 신선한 느낌이었다.

— 제가 봤던 다큐멘터리 내용을 얘기해볼게요. 알리는 베트남전에 참전하기를 거부했죠. 그 대가로 그는 챔피언 자리를 빼앗겼고 선수 자격마저 박탈당했어요. 비난 여론에 휩싸이고 재판에 불려다니던 그가 반전운동이 확산되고 사회 분위기가 바뀌면서 결국엔 3년 만에 무죄판결을 받았죠.

— 전성기 프로 복서에게 3년이란 엄청나게 긴 시간이죠. 게다가 챔피언이었는데.

— 그러게 말이에요. 감각이 떨어졌던 알리는 다시 열심히

훈련하고 경기를 치르면서 감을 되찾아갔어요. 스물둘에 처음으로 챔피언이 되었다가 이젠 서른둘이 되어버린 알리는, 당시 스물다섯이던 혈기 왕성하고 무시무시한 챔피언 조지 포먼에게 도전했죠.

— 포먼은 40승 무패였죠. 그것도 대부분 KO승이었어요. 알리가 생애 처음으로 졌던 상대인 조 프레이저를 완전히 묵사발로 만들며 챔피언이 된 선수였죠. 세상 누구도 그를 이길 수 없다고들 했어요.

— 알리는 조지 포먼이 훈련하는 걸 안 보려고 했대요. 샌드백이 푹푹 들어가는 무시무시한 주먹을 보면 공포를 이기지 못할까 봐 그랬다고 하더군요.
자, 이제 경기가 시작되었습니다.
1회전에는 '댄싱'이라 부르는 특유의 현란한 발놀림을 보이던 알리가 2회전부터는 웬일인지 움직임이 둔해지죠. 로프에 몸을 기대고 흠씬 두들겨 맞아요. 저러다 죽겠다 싶을 정도로 그냥 피하지도 않고 두들겨 맞아요. 그러다가도 조지 포먼을 껴안을 때면 마우스피스를 낀 입으로 귓전에 대고 뭐라고 막 떠들었죠. 상대를 자극하는 말을 계속하는 거였어요. 알고 보니 그건 모두 조지 포먼의 체력을 소진시키기 위한 전략이었죠. 그와 처음부터 힘으로 승부해선 이길 수 없다고 판단했기 때문에요.

— 맞아요! 그게 로프 어 도프Rope-a-dope 전략이에요.

— 그건 또 뭔가요?

— 알리가 후에 이름 붙인 전략이에요. 로프에 몸을 깊이 기대면 상대 펀치의 위력이 로프의 탄력으로 많이 흡수되거든요. 그러면 타격이 덜하죠. 조지 포먼은 그때까지 상대를 거의 1, 2회에 KO로 이겨왔기 때문에 장기전을 해본 경험이 없었어요. 알리는 댄싱을 하는 대신 로프에 기대서 자기 체력은 아끼고, 조지 포먼이 주먹을 최대한 많이 휘두르도록 했어요. 체력이 떨어지길 기다린 거죠.

공격을 막기 위해 껴안는 걸 클린치라고 하는데, 클린치할 때도 온 체중을 조지 포먼한테 실어서 강력하게 했죠. 100킬로그램 가까운 체중을 감당해야 하니 더 체력이 소모되잖아요. 그러고선 귓전에 대고 뭐라고 했는지 알아요?

"조지, 실망이야. 우리 할머니도 너보단 더 세겠다." "조지, 이래서 팝콘이라도 부수겠어? 더 쳐봐, 더 쳐보라고!"

혈기 왕성한 조지 포먼은 알리의 도발에 열이 받아서 당장 죽여버리겠다고 주먹을 휘둘렀죠. 근데 로프 어 도프 전략으로 버틴 알리는 KO되지 않고 살아남았어요. 조지 포먼으로선 미칠 노릇이었겠죠.

— 그랬군요. 알리는 그렇게 링에 기대서 온몸을 두들겨 맞다가도 기회가 생기면 예리하게 펀치를 날렸는데 그것도 너무나 전략적이었습니다. 무조건 얼굴만 때리기로 한 거예요. 8회까지 가는 동안 알리는 다른 곳은 일절 때리지 않고 얼굴만 때렸어요.

— 한 놈만 패는 거죠.

— 그래요. 이제 8회전의 공이 울렸어요. 알리는 잘 버텼죠. 여러 가지 아이디어들을 실행하며, 착실히 기다려온 거죠. 링에 깊이 기대서 조지 포먼의 펀치를 받아내고, 클린치를 할 때 체중을 신고, 귓전에는 더 쳐보라고 떠들면서, 기회가 생기면 얼굴에만 펀치를 먹였어요. 8회전 동안 분노의 주먹을 휘둘러온 조지 포먼은 이제 척 보기에도 많이 지친 게 역력했

죠. 이제 8회가 끝나갈 무렵이에요. 그렇게 때를 기다리던 알리에게 기회가 오지요. 링에 기댄 채 맞던 알리가 조지 포먼의 빈틈을 노려 얼굴에 펀치를 날립니다. 포먼은 순간적으로 균형을 잃고 약간 휘청여요.

알리는 드디어 그 순간이 왔음을 알았죠. 방금까지 링에 기대어 있던 알리가 정말이지 거짓말처럼, 아니 '나비처럼' 날아올랐어요. 링에서 순식간에 몸을 빼내어, 무거운 몸으로 뒤따라 오는 조지 포먼의 얼굴에 깨끗한 원투 펀치를 '벌처럼' 쏘아버렸어요. 조지 포먼은 한 바퀴 빙그르르 돌더니 완전히 넋이 나간 표정으로 바닥에 쓰러집니다. 링 밖에서 빼앗긴 챔피언 벨트를 링 안에서 되찾는 순간이었습니다!

— 아아! 영화 같은 장면이었죠. 마술 같았어요. 복싱 역사상 가장 유명한 장면입니다!

나는 킨샤사의 링에서 그 장면을 본 사람처럼 흥분했다.

— 저도 그 순간만큼은 복싱에 대한 생각이 바뀌더군요. 도대체, 복싱을 '때려서 이기는' 경기가 아니라 '맞아서 이기는' 경기로 바꿔버린 이 사고의 유연함은 어디서 오는 걸까요?

그 순간 알리는 너무도 치밀한 전략가처럼 보였고, 조지 포먼은 덩치 크고 힘만 센 선수처럼 보였어요. 이렇게 말하자니 참 미안하네요.

— 미안해할 것 없어요. 조지 포먼은 한동안 이 경기의 충격으로 방황했지만 패배를 끌어안고 나중엔 알리와 친구가 됐죠. 그 사람은 또 하나의 위대한 복서예요. 일찍 복싱을 접었다가 마흔다섯 살이라는 말도 안 되는 나이에 다시 헤비급 챔피언에 도전했어요. 이번에는 모든 사람이 조지 포먼이 질 거라고 했지만 상대를 KO로 때려눕혀서 무려 20년 만에 다시 챔피언이 됐죠.

— 와, 이건 또 무슨 엄청난 얘긴가요.

— 거봐요, 복싱엔 인생이 있고 기적이 있답니다.

— 그리고 아이디어도 있죠. 어느 분야나 마찬가지로, 스포츠에서도 아이디어의 위력은 이렇듯 대단해요. 포스베리 플롭, 크라우치 스타트, 텀블 턴, 앨리웁, 그리고 럼블 인 더 정글의 모든 아이디어까지.

벽에 코가 닿을 듯 바짝 붙어 서 있으면 완전히 가로막힌 느낌이 들잖아요? 하지만 몇 걸음 뒤로 물러나서 판을 더 크게 보면 그 벽 너머를 생각할 수 있게 되죠. 창의적인 스포츠맨들은 축척을 달리해서 생각할 줄 아는 사람들이에요. 무함마드 알리가 얼마나 세상을 크게 볼 수 있는 사람이었는지는, 그의 인권운동과 베트남전에 대한 태도를 보면 알 수 있죠.

> "베트남 사람들은 나를 검둥이라고 부르지 않는다. 왜 내가 우리를 공격하지 않는 사람들을 향해 총을 들어야 하는가. 나는 차라리 흑인을 억압하는 세상과 싸우겠다."

— 아, 저는 어떤 예술가보다도 무함마드 알리가 더 예술적인 것 같아요.

— 알리는 위대한 예술가의 정신을 가진 복서였죠. 아니, 그는 복싱으로 예술을 했다고 해도 될 거예요. 그의 복싱은 아름다웠고 그의 말솜씨와 생애는 더욱 그랬죠. 그보다 더 유연하고 반짝이는 아이디어를 가진 사람도 드물 거예요.
그는 세상을 크게 볼 수 있었던 것만큼이나 경기 자체도 크게 볼 수 있었어요. 공이 울려야만 경기가 시작되는 게 아니라 아주 미리부터 경기가 시작된다는 걸 잘 알고 있었죠. 그는 언제나 상대 선수에게 말로 선제 펀치를 날렸어요. 이미 기자 회견에서부터 조지 포먼을 '미라'라고 놀리며 심리전을 펼쳤죠. 관객들의 마음을 사로잡아 자기편으로 이끌기도 했고요. 그는 경기를 둘러싼 모든 걸 볼 수 있었어요. 그리고 축척을 변경해 아주 작게도 볼 수 있었어요. 그가 구사한 온갖 '깨알 같은' 아이디어들도, 그가 세상을 크게 보고 떠올렸던 거대한 아이디어들도 모두 그의 것이었죠. 알리는 누구보다도 열심히 연습했던 사람이지만, 그를 위대하게 한 건 엄청난 연습에 더해진 그의 위대한 아이디어였어요. 이제 우리는 언제나 거만한 떠벌이였던 알리가 했던 이 말의 의미를 가늠해볼 수 있을까요?

"나는 복싱보다 위대하다."

●

요리를 하던 황이 맥주잔을 들어 허공에 (아마도 알리를 위한) 건배를 하더니 몇 모금을 마시고선 "크으!" 소리를 냈다. 델포닉스The Delfonics의 음악이 흘렀다. 우리는 잠시 말을 멈추고, 머릿속의 벽들을 넘어뜨리며 펼쳐지는 아이디어의 지평을 느껴보았다. 어딘지 고양되는 느낌이 들었다. 얼마간 음미의 시간을 가진 후 그녀가 입을 열었다.

— 제2차 세계대전의 독일 영웅인 에르빈 로멜Erwin Johannes Eugen Rommel이란 장군이 있죠. 적국인 영국 수상 처칠은 이런 말을 했다고 해요. "이 전쟁의 참상과 상관없이 개인적 평가를 해도 된다면, 나는 그를 위대한 장군이라 말하고 싶습니다." 이 사람에 대한 평가는 극단적으로 나뉘곤 하는데, 전쟁의 상식에서 한참 벗어난 무모한 작전을 많이 지휘했기 때문이죠. 이 사람이 아내에게 쓴 편지에는 이런 부분이 있다고 해요. "아마 그들은 나를 미친놈 취급할 거요. 그러나 난 절대 미치지 않았소. 그들보다 더 넓게 바라보고 있을 뿐이지." 실제로 그는 무모한 작전을 보란 듯이 승리로 이끌곤 했습니다.

— 연합군 측에 있었다면 엄청난 영웅이 되었겠군요.

— 어쨌거나 전쟁은 끝났으니 이제 우린 로멜이라는 사람의 아이디어들을 이편저편의 가치 판단 없이 마음 편하게 바라볼 수 있게 되었죠. 사실 전쟁사를 읽어보면 '이게 대단한 아

이디어의 보고로구나' 하는 생각이 들어요.

역사상 유명한 전투는 힘세고 사람 많은 편이 약하고 수가 적은 편을 처부순 이야기가 아니에요. 그건 당연한 이야기이니까요. 불리한 편이 현명하고 기지 넘치는 전략 전술을 발휘해서 기적적인 승리를 이룬 얘기들이 역사에 길이 남죠. 처음으로 거꾸로 높이뛰기를 한 포스베리가 스포츠의 역사에 이름을 남기는 것처럼, 전쟁의 역사 역시 새로운 아이디어가 승리한 이야기들이라고 할 수 있어요.

— 그럼 아이디어에 대한 관심 때문에 전쟁에 대한 관심이 생긴 거로군요?

— 복싱보다는 알리의 아이디어에 반했던 것처럼, 전쟁보다는 그 전쟁에 깃든 크고 작은 아이디어들에 관심이 있어요.

이때 황이 냉장고를 뒤져 만든 안주를 내어주었다. 소시지와 채소구이였다. 긴 시간 행군해온 우리는 보급 식량을 먹으며 얘기를 이어갔다. 황의 솜씨는 훌륭했다.

— 그런데 말이죠, 제가 전쟁의 역사에서 또 유독 좋아하는

이야기가 있어요. 십자군 전쟁 얘기예요.

신성로마제국의 황제 프리드리히 2세는 열린 사람이었어요. 기독교 세계의 황제였지만 이슬람인들을 이교도로 배격하지 않았죠. 아주 영리하고 매력적인 인물이었어요. 그런 그가 십자군 원정에 참여할 것을 강요당하죠. 프리드리히 2세는 기독교와 이슬람 문화가 공존했던 시칠리아섬 출신이었고, 종교 때문에 서로 피 흘리는 일의 부당함을 꿰뚫어 볼 수 있었어요. 그는 십자군 원정 본래의 목적이 무엇인지를 따져봤죠. 그건 예루살렘에 있는 그리스도의 무덤이 이교도인 아랍인들의 치하에 있으므로 성지 해방을 위해 싸우자는 것이었어요. 수많은 기사들이 "신께서 원하신다!"를 외치며 열광적으로 참여했지요. 물론 십자군 원정에서 성지 해방이란 명분이었고, 실상은 정치·경제적 이권이 복잡하게 얽힌 문제였어요.

프리드리히 2세는 지금까지 십자군을 지휘해온 어떤 군주도 생각하지 못한 방식으로 '신께서 원하신' 그 문제를 해결해버립니다. 단 한 방울의 피도 흘리지 않았어요. 싸우는 대신 그는 끈질기고 진지한 태도로 아랍인들과 협상을 했어요.

그 결과 놀랍게도, 예루살렘을 넘겨받았죠! 이제 기독교도들은 안전하게 성지순례를 할 수 있게 된 거예요. 프리드리히 2세는 전쟁이라는 눈앞의 벽을 두고 몇 걸음을 물러나, 원래의 목적을 위해 이 전쟁이라는 벽이 꼭 필요한 것인지를 자문했어요. 축척을 조정해서 더 넓게 본 거죠. 그리고 자신의 모든 것을 걸고 협상에 뛰어들어 전쟁이라는 벽을 넘어가버린 거예요.

— 전쟁만을 본 게 아니라 전쟁에서 이기는 게 결국 무엇을 얻기 위한 것인가를 보고 다른 길을 택했다…….

— 그런데 피 한 방울 안 흘리고 성지를 해방시키는 위대한 성과를 거두었지만 프리드리히 2세는 교황으로부터 파문당했어요.

— 왜요?

— 피를 흘리지 않았기 때문에요. 하라는 전쟁은 안 하고 이교도들과 사이좋게 협정을 맺은 게 파문의 이유였어요. 교황의 속셈은 애초에 성지 해방에 있지 않았기 때문일 테죠.

— 아…….

나는 안타까운 마음으로 소시지를 거칠게 씹었다.

— 훗날의 역사가들은 그를 '왕좌에 앉은 최초의 근대인'이라고 평가해요. 그만큼 시대를 앞서간 사람이었던 거예요. 전쟁의 역사에서 제가 좋아하는 이야기라고 했지만 실은 전쟁 이야기가 아니라 그걸 피한 아이디어의 얘기이지요. 전 평화를 사랑하지만, 평화를 진정으로 사랑하는 사람은 전쟁에 대해서 알아야 해요. 알리가 인종차별과 전쟁에 반대하기 위해 미국 사회를 상대로 홀로 전쟁을 벌였듯이, 평등과 평화를 쟁취하려면 싸워야 할 때가 있죠. 다만 그건 실제 전쟁이 아니라 아이디어의 전쟁일 거예요.

— 평등과 평화를 위한 아이디어의 전쟁.

— 네, 알리가 조지 포먼을 아이디어로 이겼던 것처럼 성경에는 양치기 소년 다윗이 무릿매 돌로 거인 골리앗의 이마를 맞혀 쓰러뜨린 이야기가 있죠. 힘센 자에게 대항하는 힘 약한 자에게 주어진 무릿매 같은 무기가 바로 아이디어예요. 제겐 다윗의 무릿매가 다름 아닌 아이디어의 상징이에요. 우리나라 속담에 "호랑이에게 물려가도 정신만 차리면 산다"는 말이

있죠? 저는 여기서 '정신만 차리면'이라는 말도 아이디어의 상징이라고 생각해요. 아무리 강해 보이는 권력도, 아무리 견고해 보이는 인습도, 아무리 야멸찬 자본도 우리의 아이디어로 균열을 일으킬 수 있다고 생각해요.

●

그녀는 뜨거운 버섯을 호호 불어 먹고는 말했다.

— 예를 들어 200년간 지속돼온 영국의 지배로부터 인도를 해방시키기 위해 마하트마 간디가 집어 든 무릿매는 비폭력주의와 불복종이었죠. 간디를 선봉장으로 해서 인도인들이 펼친 전쟁은 아이디어의 전쟁이었어요. 마하트마라는 별명은 '위대한 영혼'이란 뜻이래요. 사람들은 간디를 위대하고 고결한 정신을 지닌 성인聖人으로만 막연히 생각하죠. 많은 사람들이 그의 빛나는 정신에 감화되었다고요. 하지만 간디는 결코 헐벗은 채 물레만 돌리며 고결한 본보기로 앉아 있기만 했던 사람이 아니에요. 그는 생전에 마하트마란 이름을 거추장스러워했고 실제로 사생활부터 정치적 입장까지 아주 논쟁적인 삶을 살았던 인물이에요. 자서전 제목을《나의 진리

실험 이야기》라고 붙였을 정도로, 간디는 생애 전체를 실험에 바친 행동파였어요. 실험이란 곧 새로운 아이디어의 적용을 의미했죠. 그의 실험은 식사 메뉴와 의복 등 소소한 것부터 시작해서 평생 동안 촘촘하게 이어졌어요.

간디가 태어나기 훨씬 전부터 영국은 적은 수의 군대로 인구가 3억이나 되는 큰 나라 인도를 효율적으로 통치해왔어요. 간디는 영국 유학파이고 오랫동안 '영국 없는 인도는 있을 수 없다'고 믿은 사람이었죠. 그에게 영국의 지배는 의심해본 적 없는 전제였던 거예요. 태어나기 전부터 숲에 서 있던 거대한 나무인 거죠. 하지만 간디는 변호사로서 인도인에 대한 차별 대우를 해결해가는 과정에서 점점 영국의 참모습을 알게 됐어요. 몇 걸음 물러나 자기 앞을 가로막고 있던 벽 너머를 상상할 수 있게 된 거죠. 그는 모든 아이디어를 다 동원해 인도인의 단합을 촉구하기 시작했어요. 고소, 신문 기고, 잡지 발행, 연설, 인도인 자립 공동체 건설 등의 아이디어를 차근차근 실행했지요.

영향력 있는 정치 지도자가 된 후 간디는 비폭력·불복종의 아이디어를 실행할 온갖 아이디어들을 내놓았어요. 영국인 학교 다니지 않기, 영국인 법정에서 진술하지 않기, 영국인 회사에서 일하지 않기, 영국에 세금 내지 않기, 영국에서 만든 옷 입지 않기 등. 이때 물레 아이디어가 등장하죠. 사실 간디는 그때까지 물레를 본 적도 없었대요.

— 그래요? 하하.

— 그렇대요. 영국은 인도산 목화를 수입해다가 옷을 만들어서 비싼 값으로 인도에 되팔았어요. 간디는 비싼 영국 옷 대신 인도 사람들이 직접 옷을 만들어 입으면 가난에서 벗어날 수 있을 거라 생각했죠. 그는 수소문 끝에 물레질을 할 수 있는 사람을 찾아내서 직접 물레질을 배우기 시작했어요. 공동체를 이룬 다른 사람들에게도 가르쳐줬죠. 수많은 사람을 모아 집회를 한 후엔 너도나도 입고 있던 영국제 옷을 벗어 산더미같이 쌓아놓고 간디가 직접 성냥불을 그어 태워버렸답니다. 젊었을 땐 최고급 영국 슈트를 입고 다니던 댄디 가이 간디는 이제 앙상한 몸에 인도산 천으로 만든 옷을 두르고 다녔죠. 간디가 이끌던 국민회의의 깃발에도 물레를 넣자는 아이디어가 등장했고요.

나는 최고급 영국 슈트를 입은 간디의 모습을 상상할 수 없었다. 내게 간디는 언제나 하얀 천을 두른 사람이었으니까.

— 간디는 늘 물레질을 했는데, 그건 청렴한 생활보다는 인도의 경제적 독립을 상징하는 행위였죠. 물레질을 하는 간디 사진은 전 세계에 강렬한 이미지로 타전됐어요. 시위 끝에 체포되면서도 간디는 스스로를 변호사라고 하지 않고 "농부이며 천을 짜는 사람"이라고 밝혔죠.

일손 놓기와 세금 거부 운동이 대규모로 진행되자 영국은 경제적으로 큰 타격을 입었어요. 영국군은 강제로 일을 시키려고 했지만 간디의 호소에 따라 인도인들은 거부하되 폭력으로 저항하지 않았어요. 영국군의 곤봉에 맞아 '볼링 핀처럼' 쓰러지는 인도 사람들의 모습은 외신으로 보도되어 세계적으로 비난 여론이 일어나게 되죠.

또 영국은 인도에서 소금을 생산·판매하는 걸 금지시키고 영국이 세금을 과하게 매긴 소금만 사게 했어요. 그러자 예순 살의 간디는 사람들과 함께 행진을 시작했죠. 그는 이렇게 외쳤습니다.

"오늘 우리는 소금법에 도전하고 있습니다. 내일 우리는 다른 법들을 휴지통에 집어 넣어야 합니다. 이런 식으로 우리

아무리 강해 보이는 권력도, 아무리
견고해 보이는 인습도, 아무리 야멸
찬 자본도 우리의 아이디어로 균열
을 일으킬 수 있다고 생각해요.

가 비협조를 실행에 옮기면 결국 행정은 마비될 겁니다. 정부더러 우리에게 규칙을 적용하고, 우리에게 총을 쏘고, 우리를 감옥에 보내고, 우리를 교수형에 처하라고 하십시오. 그러나 얼마나 많은 사람들에게 그런 벌을 내릴 수 있겠습니까? 영국인들이 3억 명을 교수형에 처하는 데 시간이 얼마나 걸릴지 계산해보십시오!"

24일간이나 걸어 그들이 마침내 바닷가에 도착했을 때 사람들은 수천 명으로 늘어나 있었죠. 거기서 간디는 몸을 굽혀 소금을 건져 올렸어요. 영국의 소금법에 불복종을 해 보인 거예요. 이제 미국 등 다른 나라는 간디의 움직임에 큰 감동을 느꼈고, 그의 운동은 세계 여론을 등에 업게 되었죠. 지배국인 영국의 언론과 국민조차 간디에게 존경을 표했어요.

나는 여전히 얼떨떨한 심정으로 맥주를 들이켰다. 그녀가 말하는 간디는 내가 막연히 생각한 간디의 이미지와는 너무도 달랐다.

— 간디는 또 목숨을 건 단식투쟁도 여러 번 했어요. 감옥 안에서 단식투쟁을 벌인 적도 있는데, 단식이 하루하루 늘어갈

수록 영국은 세계 여론의 압박을 이겨내기 힘들어져서 결국엔 간디를 석방하게 됩니다. 간디는 지금까지 말한 비폭력적인 여러 가지 방법으로 세계 여론의 힘을 자신과 인도 편으로 돌려세운 거죠. 대단한 '아이디어 전쟁'이었어요.

사람들은 간디의 '고결한 정신'만을 기억하죠. 저는 고결하게 태어나는 인간은 없다고 생각해요. 고결함을 향해 나아가는 인간이 있을 뿐. 간디는 비폭력·불복종이라는 아이디어를 갖고 있었고, 그걸 향해 나아갈 크고 작은 아이디어를 끊임없이 실행했어요. 그중에서도 제게 참으로 놀라운 아이디어는, 그가 200년간이나 이어진 영국의 식민 지배라는 단단한 벽을 넘어뜨릴 수도 있다고 생각한 거예요.

나는 그 비쩍 마른 수도승 같은 사람이 아이디어로 가득한 행동파였다는 사실이 신기했다. 그녀는 와인으로 목을 축이고 말을 이었다.

— 우리나라에서도 분명 단식투쟁은 현대사의 여러 결정적인 장면을 만들어낸 적이 있어요. 미디어와 힘을 갖지 못한 측이 어떤 주장을 하려 할 때 자신의 목숨을 걸고 목소리를 내는 절체절명의 방법이죠. 하지만 그동안 기름진 뱃살의 국

회의원들이 말도 안 되는 주장을 펴면서 단식을 남용하기도 했어요. 요즘은 다이어트를 위한 단식원도 많이 있지요. 이제 단식은 마냥 숭고한 투쟁의 방식이 아니라 하나의 선택지가 된 것처럼 보여요.

1931년 평양에서는 한 여성이 금수산 을밀봉 밑에 있는 을밀 대 지붕 위에 올라갑니다. 을밀대는 절벽 위에 축대를 세우고 지은 정자이기 때문에 너무도 아찔한 장면이었죠. 사람들이 모여 그 여성을 쳐다봤어요. 그 여성은 강주룡, 평원 고무 공장의 직원으로 그곳에서 일하던 여성 노동자들의 동맹파업을 이끈 사람이었습니다.

우리나라를 지배하던 일본의 수탈이 날로 심해지던 때였어요. 한국 노동자들에 대한 처우는 너무도 불공정하고 열악했고, 여성 노동자들에 대한 처우는 더더욱 형편없었죠. 강주룡이 을밀대에 올라간 것은 누구도 그들의 목소리를 들어주지 않는 상황에서 어떻게든 목소리를 내고 전하려는 처절한 시도였어요. 동맹파업과 단식투쟁을 이어가도 요구를 들어주지 않자, 그는 새로운 방식의 시위가 필요하다고 생각했죠. 강주룡은 목숨을 걸고 지상 12미터 높이의 지붕에 앉아 8시간 동안 여성 해방과 노동 해방을 부르짖다가 일본 경찰에 의해 체포되었습니다. 그리고 오랜 단식투쟁과 신경쇠약으로

병약해진 몸을 다시 회복시키지 못하고 결국 사망하고 말았어요. 그때 그의 나이는 겨우 서른. 강주룡은 우리나라 최초의 고공 농성 시위자로 역사에 기록됩니다.

— 세상에…… 그 당시에 그렇게 파격적인 시도를 하다니. 까마득히 높은 크레인에 올라가 농성하던 사람들의 뉴스가 떠오르네요.

— 네, 커다란 마이크를 쥐고 있는 자들이나, 매스미디어를 장악한 자들의 목소리는 너무도 쉽고 효율적으로 전달되죠. 그다지 중요하지 않은 의견도 뉴스에서 나서서 다뤄주고요. 그들은 골리앗이에요. 반면 아무리 외쳐도 많은 이에게 목소리를 전달하기 힘든 사람에게는 주목받기 위한, 주장을 펴기 위한 아이디어가 필요합니다. 그런 아이디어가 바로 다윗의 무릿매 같은 거지요. 골리앗 앞에서 너무 약하고 왜소해 보일지라도, 새로운 아이디어의 무릿매는 골리앗 같은 거대한 벽에 균열을 낼 수 있어요.

그녀는 남은 술을 비우고선 말했다.

— 우리가 싸워야 할 대상은 각자의 자리에서 마주 대하고 있는 벽입니다. 한 걸음 나아가기 위해서는 우리를 막아선 벽이 무엇인지를 발견하는 게 우선이지요.

우리는 술을 한 잔씩 더 시켰다.

숲,
그리고
더 큰 숲

8 ___ 잔

— 우리가 가장 많이 쓰는 숫자가 뭘까요?

나는 잠깐 생각해보고는 대답했다.

— 0이겠죠? 1,000원, 2,000원에도 0이 세 개나 붙으니까요.

— 그렇죠. 숫자 0의 기원은 인도의 승려들로부터 비롯되었을 거라고 합니다. 그들에게는 공空, 비어 있음, 무無라는 개념이 중요했죠. 이 개념은 아랍 문화로 건너가 0을 포함한 아라비아숫자 체계를 이룹니다. 아랍 문화권에서는 이미 널리 쓰이게 된 숫자 0은 11세기쯤에는 유럽에도 전해졌지만 놀랍게도 오랫동안 받아들여지지 않았어요. 보수적인 유럽 사회는 낯선 개념인 0이 없는 로마 숫자를 선호했고, 아라비아 숫자 체계가 일반인들 사이에서도 쓰이게 된 것은 16세기 들어서의 일이라고 하더군요. 거의 5백 년 동안이나 0을 받아들이지 않은 거예요. 하지만 지금도 우리가 가장 많이 쓰는 숫자인 0의 편리성은 일단 발견된 이상, 이전으로 되돌아갈 수 없었죠.

— 0이 없이 어떻게 계산을 하고 살았는지 지금으로선 상상

하기 힘드네요.

─ 그러게 말이에요. 보수적인 유럽 사회뿐 아니라 대단히 창의적인 영화감독이었던 앨프리드 히치콕Alfred Hitchcock의 얘기도 생각나네요. 히치콕은 그만의 새로운 영화 문법과 아주 다양한 카메라 워크를 창조한 감독이었죠. 프랑수아 트뤼포François Roland Truffaut•가 히치콕을 인터뷰하고 쓴 《히치콕과의 대화》중에 이런 부분이 있어요. 트뤼포가 말하길 히치콕의 창의적인 시점을 흉내 내고 싶었던 어느 감독이 이상스럽게도 카메라를 냉장고 안에 넣어놓았더래요. 관객들이 냉장고에서 물건을 꺼내는 주인공을 냉장고 '안에서' 보게 되는 거죠. 그랬더니 히치콕은 "그것은 벽난로 속의 불꽃 뒤에서 촬영하는 것과 같다"며 자기라면 절대 그렇게 하지 않을 거라고 대답합니다.

─ 하지만 그런 건 요즘은 정말 자주 나오는 장면이잖아요.

• 프랑스의 영화감독. 1950년대 말부터 일어난 새로운 물결 '누벨바그'를 대표하는 한 사람이다.

─ 그러니까요. 냉장고나 사물함 안에서 그것을 여는 사람을 바라보는 시점은 아주 다양한 가능성을 열어놓았지요. 관객은 남들에겐 보여주지 않는 그의 표정을 몰래 엿볼 수도 있고, 독약이 든 음식을 넣어둔다든가 하는 음모의 목격자가 될 수도 있어요. 열고 닫는 장면의 다양한 반복으로 캐릭터를 구축할 수도 있지요. 지금은 너무도 익숙한 앵글이어서 그 두 사람의 대화가 더 재미있었답니다. 물론 그저 그들의 취향에 맞지 않는 장면일 수도 있죠. 하지만 히치콕이 요즘 감독이었다면 적어도 '냉장고 속 카메라'를 괴상한 시도라고 생각하지는 않았을 거예요.

─ 히치콕은 그 시도 앞에 벽을 쳐버린 거군요. 숫자 0을 못 받아들인 것처럼.

─ 맞아요. 지금 우리가 당연하게 생각하는 것들이 처음에 어떻게 이 세상에 나오게 되었는지를 짚어보는 것만으로도 우리는 어딘가 유연해져요. 옛것도 그 앞뒤의 맥락을 살펴보면 벽을 깨고 나온 것의 신선함이 여전히 우리를 놀라게 하는 경우가 많죠. 실패했다 하더라도 그 용감한 시행착오에 박수를 치고 싶어지기도 합니다.

"모든 역사는 현대사다"라는 말이 있다잖아요. 지금의 우리가 과거를 어떤 시각으로 바라보느냐가 역사를 재구성하죠. 우리는 역사에서도 엄청난 아이디어를 얻을 수 있습니다. 뉴턴처럼 거인의 어깨에 올라앉을 수 있게 되는 거죠. 사람들은 막연히 창의성과 아이디어를 최신의 것, 미래적인 것으로 생각하곤 해요. 전혀 그렇지 않습니다. 역사는 차곡차곡 쌓여온 아이디어의 창고이기도 해요.

과거에서 배운다는 말은 과거의 사실을 암기한다는 뜻이 아니에요. '추사 김정희는 명필이었다'에서 그친다면 그건 과거의 사실일 뿐입니다. 하지만 추사의 글씨가 다른 사람의 글씨와 어떤 점이 달랐는가, 어떻게 아름다운가, 전통의 격을 비틀면서 어떻게 자신의 개성을 반영했는가, 다시 말해 그가 깬 벽이 무엇인가를 살펴본다면, 추사 김정희의 아이디어가 살아나 21세기의 우리 안으로 들어올 거예요. 아이디어의 렌즈를 통해 과거를 살펴본다면 과거의 펄떡이던 아이디어들을 내 것으로 만들 수 있죠.

'재발견'이란 얼마나 가슴 뛰는 말입니까. 남들이 떠받드는 것의 옆에, 그 벽 아래 그늘진 곳에 놓여 있던 무언가를 집어들어 먼지를 떨어내고 반짝임을 발견하는 것. 모든 것이 사라지지 않고, 나를 통해 살아나는 겁니다. 불의에 항거해 죽은 사람들의 아이디어를 내가 발견하고 잊지 않는다면 그 아이디어는 점화되어 내 안에 살아 있게 돼요. 모든 것은 연결되어 있어요. 과거와 현재는 별개의 것이 아니에요.

우리를 가로막고 있는 것은 벽, 벽, 벽이에요. 우리는 역사적 사실뿐 아니라 주위의 모든 것을 '안다'고 생각하기 때문에 눈을 감고 다닙니다. 낯선 곳으로 여행을 떠나면 우리의 모든 감각이 열리죠. 표지판의 생김새나 레스토랑에서 주문하는 법, 또 새로운 음식과 사람들을 접하며 익숙하던 모든 것을 다르게 바라보게 되잖아요. 물론 제대로 눈을 떴을 경우라면 말입니다.

그런데 꼭 여행을 가야만 새로운 시각을 배울 수 있는 건 아니에요. 미국 시인 에밀리 디킨슨Emily Dickinson은 자신이 태어난 작은 마을에서 평생을 독신으로 살았습니다. 더구나 말년에는 오랫동안 집에만 은둔하며 사람들도 거의 만나지 않았어요. 그녀가 살아 있을 때 출판된 시는 열 편에 불과합니다. 그녀가 세상을 떠난 뒤에야 침대와 옷장 속에서 거의 1,800편에 가까운 시가 발견되었고, 사후 출판된 시들이 수십 년 뒤 재평가받으면서 위대한 미국 시인의 반열에 올랐어요.

집에만 칩거했던 에밀리 디킨슨의 시는 놀라운 창의성을 담고 있었어요. 아마도 그녀는 늘 새롭게 바라보는 사람이었을 거예요. 남들이 보기엔 별다를 게 없는 일상과 정원 가꾸기로 부터 끝없이 영감을 길어 올렸지요. 전문가 수준의 가드너였던 디킨슨에게 정원은 비를 기다리는 식물의 표정, 꽃이 피기 직전의 팽팽한 긴장감, 계절마다 다르게 피어오르는 흙 냄새, 바람에 일렁이는 식물의 몸짓을 품은 광대한 소우주였을 겁니다. 그녀는 관습적이지 않은 시각으로 작고 크게 세상을 바라볼 수 있는 사람이었죠. 앞서 대성당에 비견된 가오리를 그렸던 샤르댕도 평생 파리를 떠난 적이 없고 늘상 탁자에 놓인 사물이나 집 안의 사람들만 그렸음에도 대단한 관찰력으로 늘 새로움을 발견해냈습니다. 꼭 많은 곳을 여행하고 색다른 것을 경험해야만 새로운 아이디어가 샘솟는 것은 아니에요. 눈을 제대로 뜰 수만 있다면, 그러니까 아이디어라는 도구의 사용법을 제대로 익히고만 있다면, 지금 나의 일상생활에서 발견할 수 있는 아이디어가 얼마나 많은지에 깜짝 놀라게 될 겁니다.

이를테면 여기 꽂혀 있는 이 문구용 커터 같은 건 어때요? 옛날에는 칼끝이 무뎌지면 숫돌에 갈거나 칼날 전체를 버려야 했겠죠. 하지만 지금은 이렇게 칼날에 사선으로 금이 나 있어서 한 칸씩 똑똑 부러뜨리면 다시 날카로운 칼이 되잖아요. 음…… 무심코 집어 들고 말하다 보니 저도 새삼 참 놀랍네요. 어쩜 이런 생각을 다 했을까요?

그녀는 진귀한 보검인 양 커터를 들여다보더니 수첩에 또 뭔가를 꼬물꼬물 적었다. 얘기를 듣던 나도 커터 아이디어가 신선하게 느껴졌다.

— 문구 얘기가 나와서 말인데, 저는 샤프가 신기해요. 예전에는 나무 연필 안에 연필심이 들어 있고 뭉툭해지면 그걸 깎아서 썼잖아요. 그런데 가느다란 샤프심을 홀더에 끼워서 또각또각 조금씩 밀어 올려 쓰면 내내 뾰족함이 유지된다는 게 신기하지 않아요?

— 정말 그러네요. 누가 처음 그런 아이디어를 냈을까요?

— 또 있어요. 너무 작은 예일지도 모르겠지만…….

— 뭔데요? 저 작은 것들 되게 좋아해요.

에머슨은

"모든 벽은 문이다"라고 말했습니다.

당신이 발견하는 모든 아이디어는

벽을 열어젖힌 결과물임을 잊지 마세요.

— 커피믹스 봉지 찢을 때 말이에요. 예전에는 끝이 뾰족뾰족하게 되어 있어서 세로로 찢으면 입구 크기가 일정치 않고 불편했는데, 요즘은 다 가로로 쭉 찢을 수 있잖아요. 그래서 내용물을 부을 때도 깔끔하고. 지금은 당연하게 여기지만 종이도 아니고 비닐인데 어떻게 그리 잘 찢어지게 만들었는지 처음엔 참 신기했어요.

그녀는 수첩에 연신 무언가를 적어 넣었다.

— 아, 다른 사람과 얘기하는 건 이래서 좋다니까요. 지도에 똑같은 섬은 하나도 없어요. 다양성이야말로 세상이 돌아가게 하는 이치 같아요. 좋아하는 음악이 다른 것처럼 발견하는 아이디어도 다 다르다고요.

그녀는 와인을 한 모금 마시고 머리를 쓸어넘긴 뒤 말했다.

— 자, 제가 지금까지 떠들어온 건 단 하나의 목적 때문이었어요. '아이디어'라는 단어를 아주, 아주 넓게 써서 무한한 단어로 만드는 것.
그래서 '아이디어란 무엇이다'라고 도무지 정의 내릴 수 없게끔 하는 거였죠. 사랑이란 단어를 '남녀 간의 로맨틱하고 배타적이며 육체성을 포함하는 관계'로만 정의하는 사람이 있다면, 그 사람이 평생 살면서 사랑이란 사건을 겪을 기회는 고작 몇 번에 불과할 거예요. 하지만 사랑의 정의를 무한히 넓힌다면, 그 사람의 세상에는 사랑이 차고 넘칠 거예요. 청춘은 모험을 사랑하고, 쇠똥구리는 쇠똥을 사랑하고, 파도는 육지를 사랑하고, 나는 너를 사랑한다고 여길 테니까요.

— 음, 그 목적은 어느 정도 이루어진 것 같네요. 전 이젠 아이디어라는 게 도대체 무엇인지 한 번에 말할 수 없게 되어버렸으니까.

그녀는 미소를 지었다.

— 지금까지의 얘기만으로도 당신의 머릿속은 많이 말랑말랑해졌을 거예요. 하지만 중요한 건 지금부터예요. 벽은 무섭게 자라난다고요. 당신의 '아이디어'는 이 술집을 나서는 순간 또 굳어지기 시작할 거예요. 제가 당신에게 말했던 수많은 예들은 금세 잊혀요. 그건 나를 건드렸던 반짝임이니까.
기억해야 할 건 오히려 반짝이는 아이디어를 접했을 때 '아!'

하고 속에서 일어나는 느낌이에요. 커터나 샤프를 문득 새롭게 보거나 커피믹스 봉지를 찢을 때, 작고 크게 일어나는 '아!' 하는 느낌. 이제 당신이 스스로 아이디어를 찾아봐야 해요. 점점 어둠에 눈이 익듯이, 당신 주위에 있는 무수한 반짝임들이 조금씩 눈에 들어올 거예요. 그건 사물일 수도 있고 누군가의 행동이거나 음악의 한 부분일 수도 있어요. 반짝이는 아이디어의 씨앗이 당신 안에 들어올 때마다 당신의 아이디어는 그만큼 유연해지죠. 그건 요가와도 비슷해서 유연성을 유지하려면 꾸준히 해주는 게 좋아요. 창의력은 경직성과는 별로 친하지 않기 때문이에요. 경직성은 이른바 '소포모어 징크스'의 이유이기도 합니다. 데뷔작으로 큰 성과를 거둔 사람은 다음 작품을 할 때 어깨에 힘이 들어가기 마련이니까요. 이전 작품의 성과가 이전에 없던 벽으로 작용해서, 그걸 뛰어넘어야겠다는 생각이 자신도 모르는 사이 어떤 경직성을 불러오지요. 어느 분야의 대가들이 "힘을 빼야 한다"고 말하는 것은 창의력의 근육을 풀어주어야 한다는 뜻일 거예요. '픽스트 아이디어'에 갇히지 않고 계속 자유롭게 움직일 수 있도록 말이죠.

에머슨•은 "모든 벽은 문이다"라고 말했습니다. 당신이 발견하는 모든 아이디어는 벽을 열어젖힌 결과물임을 잊지 마세요.

＊

— 지금까지 무슨 얘기를 했는지 정리를 한번 해볼까요.

첫째, 창의성은 소수의 전유물이 아니다.

둘째, 아이디어를 찾아서 내 안으로 받아들이자.

셋째, 일상의 작은 아이디어들도 반짝인다.

넷째, 감각도 아이디어이다.

다섯째, 거대한 정신적 체계도 결국 아이디어의 산물이다.

여섯째, 예술 또한 크고 작은 아이디어로 이루어지며 그건 우리가 느끼는 만큼이다.

일곱째, 아이디어는 벽을 넘어가는 것이다.

이걸 다 기억한다면 좋겠지만, 몇 시간 동안 이야기한 내용을 다 기억하기란 무리죠. 그냥 하나의 이미지만 남아도 하룻밤 술자리의 성과로는 충분할 거예요.

저는 그냥 아이디어를 숲으로 상상해요. 숲과 더 큰 숲.

• 랠프 월도 에머슨Ralph Waldo Emerson. 미국의 사상가이자 작가.

— 숲과 더 큰 숲.

— 끊임없이 아이디어의 활동이 일어나고 있는 숲요. 숲속에는 한때 거대하게 자라났다가 이제는 말라서 고목이 되었거나 쓰러져 죽은 나무들도 있겠죠. 이를테면 '노예제도' 같은 게 그에 해당할 거예요. 그리고 새로운 것들이 계속 자라날 거예요. 이끼나 여린 풀이 있고 힘차게 새로운 가지를 뻗는 우람한 나무들도 있어요. 아이디어 활동이 활발할수록 토양은 비옥하고 공기는 촉촉하겠죠. 가능성을 지닌 자그마한 씨앗들이 나무에서 떨어져 구르거나 바람에 날려 숲속을 돌아다니고요. 계속해서 딱딱한 벽도 생겨나지만 아이디어의 숲이 왕성히 활동하고 있다면 그 벽은 문이 되고 다리가 되어 새로운 것들을 자라게 할 거예요.

아이디어의 숲을 풍요롭게 하는 건 "거꾸로 생각하라" "모든 걸 새로운 시각으로 보라" 같은 깔끔한 한 줄짜리 명제들이 아니에요. 그런 건 오히려 방해가 됩니다. 방법은 오직 크고 작은 아이디어의 예들을 발견하는 것뿐이에요. 예는 죽은 명제와 달리, 피와 살을 가진 구체적 실재예요. 살아 있는 거죠. '산 경험' '산 지식'이에요. "아!" 하는 감탄의 순간, 생명을 가진 아이디어가 벽을 부수며 내 안으로 들어와 아이디어의 숲을 더 풍요롭게 합니다. 또 하나의 씨앗이 들어온 거죠. 무수한 씨앗들은 유연하게 돌아다닐 수 있어야 해요. 그래야 가능성의 크기가 기하급수적으로 늘어납니다.

─── 새로운 것들이 자라나지 않으면 숲은 점점 굳어져 벽이 되어버리겠군요.

─── 맞아요.

사람들은 전략과 전술을 구분해서 생각하라고 하지요. 전쟁터의 장군에게는 그게 중요할지도 모르지만, 받아들이는 입장에선 그런 구분조차 벽이 된다고 생각해요. 꾀와 트릭과 기지와 정신과 신념과 철학과 감각과…… 그 모든 걸 아이디어의 숲에 계속 던져 넣으세요. 그래서 아이디어의 숲이 오로지 더 풍요롭고 윤택해지게 하세요. 작은 아이디어와 큰 아이디어는 구분 지을 수 있는 게 아니에요.

"둥근 것은 굴러간다"는 단순한 발견이 '바퀴'라는 아이디어로 이어집니다. 바퀴는 '수레' 아이디어로 이어지고, 수레는 돌을 옮겨 '석조 건축물'이라는 아이디어를 가능하게 하죠. 수레에 가축을 묶어 끌게 하는 아이디어는 '우마차'를 탄생시켜 짐과 사람을 멀리까지 옮겨놓고요. 그로부터 자전거와 자동차, 기차, 나아가 비행기라는 아이디어가 실현됩니다. 바퀴는 또한 물레와 맷돌과 도르래의 원리이기도 하죠. 물레방아와 풍차라는 아이디어가 탄생하고, 맞물려 돌아가는 톱니바퀴가 기계라는 아이디어를 만듭니다. 증기기관이라는 아이디어가 나타나 공장이 돌아가고, 생산구조 전체와 삶의 모습, 철학과 예술까지 바꾸어놓아요. 이렇듯 모든 것은 연결되어 있고 작은 아이디어도 나비효과를 일으킬 수 있어요.

나는 맥주를 들이켜고 아몬드를 몇 알 집어 먹었다. 작은 술집에 데이비드 보위의 저음이 흐르고 있었다.

— 5,000년 전 이집트 파피루스에는 이런 말이 적혀 있었다죠. "지혜로운 말은 녹색의 보석보다 구하기 어렵지만 맷돌을 돌리는 가난한 하녀에게서도 들을 수 있다."
우리는 그야말로 어디서나 아이디어를 얻을 수 있는 거예요.
실학자 박지원•도 이런 글을 쓴 적이 있죠.
"천지자연이 독서다."
그는 "독서를 부지런히 한다고 칭송받는 사람들은 마른 먹과

• 연암 박지원. 18세기의 실학자이자 외교관, 소설가.

썩은 종이 사이를 흐리멍덩하게 보고 있다"고 했어요. 서책을 읽는 것만이 아니라 천지자연이 독서라고 했죠. 정말 맞는 말이에요. 세상 온갖 데에 쓰인 것들을 읽는 것도 독서예요. 하지만 사람들은 무조건 글로 쓰인 책을 많이 읽으라고 하지요. 진정으로 얻고자 한다면, 책은 하나의 수단에 불과해요. 책은 인류 역사상 가장 위대한 미디어이지만 책에 갇히지는 마세요. 그건 또 하나의 벽이 될 테니까요.

— 그것참, 고마운 얘기네요.

— 사랑을 따라가야 해요. 사랑이야말로 진정한 힘입니다. 우리는 사랑하는 대상에게 자신을 열게 되니까요. '나'라는 경계의 벽을 허물고, 바깥으로 나를 내어주고 무언가를 들여앉히는 거예요. 사랑의 강력한 자기장은 우리 안을 다 뒤헝클어놓고 재구성하지요. 꼭 사람을 향한 사랑만을 이야기하는 게 아니란 건 아시겠죠. 음악이든 여행이든 고양이든 자동차든 뜨개질이든 당신이 사랑하는 분야를 들여다보는 것부터 시작해보세요. "사랑하면 알게 되고 알게 되면 보이나니, 그때 보이는 것은 예전과 같지 않으리라"라는 말이 있죠. 세상에 당신과 똑같은 사람은 아무도 없으니까 당신이 사랑하는

분야로부터 발견하는 아이디어는 당신만의 아이디어를 형성해갈 거예요. 마치 하나의 재즈곡도 누가 연주하느냐에 따라 달라지는 것처럼요.

— 아, 갑자기 생각나네요. 우리가 처음에 이야기했던 〈미스티〉 있잖아요? 보비 엔리케즈Bobby Enriquez**라는 피아니스트가 있어요. 그 사람의 〈미스티〉를 들어봐야 해요.

나는 황에게 그의 피아노 연주를 틀어달라고 부탁했다. 에롤 가너의 수줍고 영롱하던 멜로디는 보비 엔리케즈의 손에서 피아노를 부술 듯 화려하고 광포한 곡으로 다시 태어났다. 박력 있는 〈미스티〉 연주가 끝나자 그녀가 말했다.

— 우와! 이 곡은 〈미스티〉의《폭풍의 언덕》버전 같군요. 상상도 못 했어요. 〈미스티〉를 개성 있게 연주했다기보다는 〈미스티〉라는 소재로 완전히 새로운 것을 만들어냈다는 느낌이

• 조선 정조 때의 문장가 유한준의 글을 유홍준 작가가《나의 문화유산답사기》에 고쳐 실으며 잘 알려진 말.
•• 필리핀 출신의 재즈 피아니스트. 에너지 넘치는 연주 스타일로 '와일드 맨'이라는 별명이 있었다.

드네요. 어떻게 이 곡을 이렇게 연주할 생각을 다 했을까요?

　　나는 한 수 가르쳐준다는 듯 그녀를 흉내 내어 말했다.

— 그게 바로 보비 엔리케즈의 아이디어인 거죠.

— 아, 당신이 내가 아니라서 참 좋습니다. 우린 대화를 나눌 수 있으니까요.

●

　　그녀는 미소를 지으며 신이 난 목소리로 말을 이었다. 늦은 시간이라 작은 술집에 사람은 몇 명 남지 않았지만, 분위기는 아주 흥겨워졌다.

— 미국에서 처음으로 장거리전화가 개통될 때의 얘기래요. A시와 B시 사이에 처음으로 전화선이 놓였어요. 시험 통화에 성공한 후 전화 회사에서는 A시 사람들에게 이렇게 선포했죠. "이제 전화기만 들면 B시 사람들과도 마음껏 대화할 수 있게 되었습니다!" 그러자 A시 사람들이 어리둥절한 표정으

로 대답했대요. "아니, B시 사람들과 우리 사이에 도대체 무슨 할 얘기가 있단 말이오?"

— 하하하!

— 역사적으로 보면 모든 문명은 서로 부딪치고 뒤섞일 때 비약적으로 발전해왔어요. 새로운 것과의 만남은 엄청난 가능성을 불러오니까요. 앞서 말한 십자군 원정은 실패로 끝났습니다. 하지만 이 전쟁 이후 유럽의 대학에는 오히려 이교도의 나라인 아랍을 배우는 학과가 생겨났어요. 왜냐하면 0의 사용을 500년 동안이나 받아들이지 못했을 정도로 서방세계의 학문과 문화는 경직되고 정체되어 있었는데, 당시 아랍은 훨씬 발전한 문화권이었으니까요. 아랍인의 뛰어난 건축 기술과 진기하고 아름다운 선진 문물이 유럽으로 흘러들었죠. 그리고 유럽에서 오랫동안 잊혔던 아리스토텔레스의 저작이 아랍어에서 라틴어로 번역되어 엄청난 영향을 미칩니다. 한마디로 정체되어 점차 말라가던 서방의 봉건제 사회라는 숲이 아랍에서 날아든 무수한 씨앗들 때문에 살아나기 시작한 거예요. 이때 얼마나 많은 벽이 무너졌을까요!

그녀는 취기가 오르니 말이 조금 빨라지고 목소리가 커졌다. 하지만 놀랍게도 말하는 내용의 질서 정연함은 흐트러지지 않았다. 내게도 제법 취기가 올라오고 있었다.

— "천지자연이 독서다"라고 말할 정도로 사고가 유연했던 실학자이자 외교관 박지원은 청나라를 다녀와서 《열하일기》를 썼죠. 당시 우리나라는 병자호란 이후 청나라와 억지로 군신 관계를 맺고 있으면서도, 실상은 여전히 청을 오랑캐라며 무시하고 있었어요. 하지만 당시 청나라는 크게 번영해서 수많은 나라와 아주 활발히 교역했던 글로벌 대국이었지요. 그 무렵 영국에서는 청나라 차를 마시는 게 대유행이었다고요. 박지원이 다녀온 '열하'라는 곳은 북경의 동북쪽에 있는 지역으로 거기에 청나라 황제의 여름 별장이 있었죠. 여름에는 그곳에서 정무를 보았기에 청나라 제2의 수도와 같았어요. 열하에는 온갖 외교사절이 드나들었고, 그는 거기서 청의 학자들뿐 아니라 다양한 나라의 사람들과 너무도 신기하고 새로운 것들을 많이 만나게 되죠. 그는 머릿속의 벽이 온통 무너지는 걸 느꼈습니다. 아이디어가 그에게로 물밀듯이 쏟아져 들어왔겠죠.

박지원은 보고 느낀 것을 세세하게 기록했고, 학자들과 필담 나눈 종잇조각까지도 커다란 보따리에 모두 모아 가져왔어요. 그걸 정리해서 쓴 《열하일기》는 조선 후기의 엄청난 베스트셀러가 되지요. 어느 정도였냐면, 책을 마지막 권까지 완전히 끝내기도 전에 이미 해적판 필사본이 널리 돌아다녔다고 해요. 청에게서 좋은 것은 배워야 한다는 그의 주장은 보수파에겐 적개심을 샀지만, 많은 젊은이와 실학자에게 커다란 영향을 미쳤지요. 어때요. 박지원 안에서 싹튼 아이디어의 숲이 더 큰 숲으로 자라난 거예요.

동시대를 살았지만 서로 교류는 없었던 위대한 실학자 연암 박지원과 다산 정약용이 둘 다 '수레'의 중요성을 강조하고 연구한 건 결코 공교로운 일이 아니에요. 박지원은 청나라의 수레를 보고 이렇게 썼지요.

"무릇 수레라는 것은 하늘이 내린 물건이로되 땅 위를 다니는 물건이다. 조선의 수레는 그 바퀴가 완전히 둥글지 못해 없는 것과 마찬가지다. 백성들의 살림살이가 이다지도 가난한 까닭은 수레가 다니지 않는 탓이라 할 수 있다."

수레는 옮겨다 놓고 옮겨오는 물건이죠. 교류와 소통의 아이콘인 거예요. 당신과 내가 이렇게 대화를 나누면서 아이디어의 세계가 넓어지는 것처럼, 장거리전화가 놓인 A시와 B시도, 십자군 원정 후의 유럽과 아랍도, 사절이 오가는 조선과 청나라도 서로 씨앗을 주고받으면서 아이디어의 숲이 점점 더 넓어지고 생기 넘치게 되는 거지요. 서로 다른 다양성을 확보하는 건 언제나 창의성에 도움이 돼요.

— 그렇군요. 그 시대 실학자들은 정말 매력적이더라고요. 조선 후기의 르네상스 시대.

— 르네상스!!

그녀는 버럭 소리를 질렀다. 질겁한 황이 포크를 떨어뜨리는 소리가 들렸다. 그녀는 취흥의 영향으로 볼륨 조절 능력을 잠시 상실한 듯했다.

— 우리 생각해보자고요. 레오나르도 다빈치, 미켈란젤로, 라파엘로처럼 아직까지도 무수히 회자되는 저 위대한 천재들이 어떻게 동시에, 피렌체라는 한 도시에 있었던 걸까요?

— 그러게요. 불가사의한 일이죠.

— 로마제국의 번영을 이루었던 이탈리아인의 혈통이 뛰어나서일까요? 아니, 아니겠죠. 그렇다면 그 뛰어난 혈통이 왜 중세 1,000년 동안은 가만히 있다가 하필 그때 집중적으로 나타났겠어요.

그렇다면 그냥 신기한 우연일까요? 그러기엔 티치아노, 보티첼리, 도나텔로, 마사초, 코레조, 브루넬레스코, 조르조네, 벨리니, 알베르티, 틴토레토……

— 알겠어요. 그만, 그만.

— 어떻게 그 많은 위대한 사람들이 이탈리아반도에 한꺼번에 나타났을까요? 이상하지 않아요?

— 이상하죠. 다시 생각해도 신기한 일이죠.

— 전 왜인지 알아요.

— 왜죠?

— 그런 분위기였거든요.

— 분위기⋯⋯요?

— 그러니까 르네상스 전성기 때의 피렌체는, 무언가를 엄청나게 키우고 피워내는 유연한 분위기가 가득했을 거란 말이에요. 신이 모든 걸 금지했기 때문에 오랫동안 억눌려 자라지 못한 씨앗이며 풀, 새순들이 일제히 봄을 맞은 듯 생명력이 분출했던 거죠.

하루 세끼 마른 빵만 씹어야 하는 줄 알았던 사람들에게 "먹을 것 가지고 마음껏 장난쳐도 된다"는 허락이 떨어진 것과도 비슷했을 거예요. 맛있고 새로운 음식이 탄생하면 그걸 먹어보고 감탄한 누군가가 거기에 또 새로운 조리법을 접목시켜보고, 또다른 누군가는 식재료를 바꿔서 응용해보고⋯⋯. 비슷한 식재료가 나는 곳인데도 어떤 지역의 식문화가 특히 발달하듯이 르네상스 시대의 피렌체에는 회화, 조각, 건축, 과학 가릴 것 없이 서로 씨앗을 주고받고 숲으로 키워내는 분위기가 가득했던 거죠.

— 피렌체 분위기가 그랬기 때문이다.

창의성은 어떤 종류의 경직성과도 친하지 않아요.

아이디어는 흐를수록 더 샘솟아요.

— 진짜예요. 창의성이란 것은 어떤 종류의 경직성과도 친하지가 않아요. 중세 시대 신 중심의 경직된 아이디어에 눌려 딱딱하게 굳어가던 숲속에서 인간 중심의 아이디어가 조금씩 조금씩 자라나, 마치 포자를 가득 머금어 커다랗게 부푼 거대한 버섯처럼 팽팽히 긴장해 있다가 급기야 뻥! 폭발해버린 거죠. 빅뱅처럼요.

그 폭발로 인해 인간 중심의 아이디어라는 포자가 잔뜩 내려앉았어요. 피렌체 이쪽 끝부터 저쪽 끝까지, 무언가가 온통 들끓듯이 자라나기 시작했죠. 피렌체 밖의 사람들도 그곳으로 모여들어 마음껏 아이디어의 씨앗을 얻어갔어요. 단순히 미술 기법만 봐도 원근법, 단축법, 스푸마토 기법의 새순들이 일단 피어나자 예술가들은 저마다 그것을 퍼 나르고 가져다가 치열하게 연구했어요.

그 연구 결과 또한 공유되고 퍼져나갔죠. 감각 아이디어는 공기에 섞여 공방들 사이로 난 골목을 돌아다닙니다. 한복판에는 브루넬레스코의 혁명적인 아이디어로 만들어진 산타 마리아 델 피오레 성당의 아름다운 돔이 그 모든 것의 상징처럼 서 있습니다. 모두가 모두를 배우고 연구합니다. 동시에 자기만의 방식으로 새로운 아이디어를 만들어내고, 그걸 또 공유했어요. 아이디어의 숲은 그렇게 점점 더 크게 자라납니다.

저는 여러 프로젝트를 다양한 사람과 해봐서 잘 알아요. 아이
디어는 흐를수록 더 샘솟아요. 경직된 분위기 속에서는 좋은
아이디어가 나와도 흥이 안 나요. 서로 아이디어를 주고받으
며 작은 아이디어들로 살을 붙이고, 이렇게 해볼까 저렇게 해
볼까 저마다 의욕이 나서 굴려보다가 또 새로운 게 튀어나오
곤 하죠. 아이디어라는 씨앗에 각자가 열려 있어야 해요. 누
구나 그것을 가져다가 자기 안에 심을 수 있어야 하죠. 아무
리 작은 아이디어라도 반짝인다면 "아! 그거 좋다!" 하고 감
탄할 수 있어야 해요. 그래야 서로의 숲이 만나 더 큰 숲을 이
룰 수 있죠. 그렇게 만들어진 작업물에는 그 **분위기**가 배어 있
어요.

— 아, 그런 건 저도 알아요. 회의할 때 어떤 날은 아이디어가
잘 나오고, 어떤 날은 이상하게 **분위기**가 굳어서 가라앉아요.
어떤 사람이 끼면 제가 왠지 주눅이 들 때도 있고, 또 어떤 사
람과 함께 있으면 평소보다 말이 술술 잘 나오기도 하고요.

— 그렇다니까요. 창의력에 가장 안 좋은 태도는 냉소예요.
냉소적인 사람이 한둘만 있어도 아이디어의 씨앗을 주고받
는 통행로는 얼어붙고 말아요. 분위기는 생각보다 정말 중요

해요. 그건 흐름을 원활하게 하는 부스터 같은 거예요. 새로 태어나는 아이디어들은 예민하고 연약해요. 그들을 거칠게 다루어서는 안 되죠. 아이디어에 우호적인 분위기를 만들어 줘야 해요.

르네상스 화가들은 원근법의 원리를 비밀로 간직하다 죽기 직전에 아들에게만 알려주거나, "흥, 그 녀석이 하는 식으로는 그리지 않겠어"라며 예술가들끼리 콧대를 세우지 않았어요. 새로운 예술가와 위대한 작품이 등장할 때마다 피렌체 전체가 북적북적 들썩였고, 예술가들은 새로운 아이디어가 등장하면 치열하게 분석하고 실험하며 제 것으로 만들기에 분주했어요. 게다가 판화와 인쇄술까지 발달해서 아이디어는 유럽 전역으로 더 활발히 흘러다닙니다. 말하자면 생각의 **수레**가 사방으로 돌아다니게 된 거죠.

그 시기를 살던 모든 사람들, 그러니까 메디치 같은 상인이든, 콜럼버스 같은 모험가든, 루터 같은 종교 개혁자든 모두가 커다란 숲속에서 이어져 있는 것 같지요. 각자가 경쟁하기보다는 모두가 점화된 폭발의 요소로서 운동에너지를 머금고 있는 것 같다고나 할까요. 그것이 서로 이어져서 뿜어내는 시너지는 엄청나서 서로 시기하거나 벽을 쌓은 개인 각자의 에너지에 비할 게 아니었죠.

— 지금 우리나라처럼 서로가 서로를 밟아야만 올라설 수 있는 구조에선 힘들겠군요.

— 맞아요. 경쟁은 캔버스에서 몇 걸음 물러서지를 못하게 하거든요. 물러서는 순간 경쟁에서 밀려나는 느낌이 들기 때문에 모두가 눈앞의 벽에 집착하게 만들어요. 하지만 보다 많은 사람이 뒤로 물러나 큰 시야에서 움직여간다면 틀림없이 점점 나아질 거예요. 피 말리는 경쟁으로는 길게 버틸 수 없어요. 모든 것엔 주기가 있다는 것 역시 제가 역사에서 얻은 가장 큰 아이디어이지요.

— 고무적이네요.

— 고무적인 게 또 하나 있어요. 위대한 천재들이 르네상스 시대에 동시다발적으로 나타났다는 건, 천재들이 꼭 신의 벼락이 내리꽂히듯 태어나는 게 아니라는 증거가 되죠. 여러 요소가 적절하게 맞아떨어진다면, 그러니까 **분위기**가 잘 조성된다면 인간의 역량은 훨씬 더 활기차게 발휘될 수 있어요.

숲과 숲이 만나고, 흐름이 원활해지고, 전체적인 토양이 비옥해지면 거기서 아름답고 힘찬 것들을 얼마든지 피우고 키워낼 수 있다는 거예요. 그건 곧 후천적·환경적 요인을 잘 조성하고 적절히 교육시키는 게 창의성 발현에 엄청나게 중요하다는 뜻입니다. **분위기**를 만들어야 해요.

— 회의에서 자꾸만 저를 주눅 들게 하는 사람을 제거해버려야겠군요. 하하.

— 네.

— 네? 어떻게요?

— 더 큰 숲으로 집어삼켜버리는 거예요.

나는 그 말의 의미를 생각해보려 했지만 잘 알 수가 없어 흐르는 음악을 들었다. 취기에 나른했다. 한참 있다가 그녀가 입을 열었다.

— 아까 제가 지도에 똑같은 섬은 하나도 없다고 말했어요.

우리를 각각 다르게 생긴 섬이라고 생각할 수도 있겠죠. 존 던John Donne*이라는 사람이 이런 말을 했어요.

"누구도 스스로 완전한 섬이 아니다. 우리는 모두 대륙의 조각이며 본토의 일부다."

그녀는 술잔을 비운 뒤 눈앞의 촛불을 보며 읊조렸다.

— 모든 것은 이어져 있어요.

우리는 술을 한 잔씩 더 시켰다.

* 르네상스 후기의 영국 시인. 로마가톨릭에서 영국성공회로 개종한 사제이기도 하다.

함수
상자

9___잔

— 바닷가에 가만히 앉아 있는데 갑자기 월척이 펄떡이며 내 그물로 뛰어들 리는 없잖아요?

새 술을 받아 든 그녀가 불쑥 말했다. 또 저도 모르게 목소리가 커졌다. 나는 무슨 소린가 싶어 그녀를 바라보았다.

— 감나무 밑에 누워서 입안에 감이 떨어지길 기다리는 건 성공 확률이 아주 낮을 테고요.

— 그리고 감이 잘못 떨어지면 아주 아플 텐데 말이죠. 게다가 덜 익은 감이라면…….

— 그렇죠. 바다엔 낚싯대를 드리우든 그물을 치든 해야 할 테고, 감나무라면 사다리를 놓고 올라가 따는 게 더 효율적이겠죠. 낚싯대나 사다리처럼, 창의력을 실행하는 데 유용하게 쓸 수 있는 도구가 있어요.

나는 술이 조금 깨는 것 같았다. 중요한 얘기인 것이다. 그녀는 냅킨에다 사각형을 그렸다.

— 이 안에 당신이 발견한 아이디어들로 울창해진 숲이 있다고 상상하는 거예요. 그 숲속에는 반짝임의 씨앗들이 유연하게 돌아다니고 있어요. 숲을 계속 생기 있게 유지하는 게 중요하겠죠. 이걸 이렇게, 위와 아래를 틔워주는 거예요.

그녀는 다른 냅킨에 완성본을 그렸다.

— 이거예요.

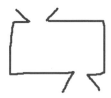

어릴 때 산수 시간에 이런 상자 배웠던 거 기억나요? 이 상자
가 +3 상자라면 위에 이렇게 1을 넣었을 때 아래로는 4가 나
오죠.

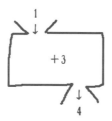

— 아, 기억나요. 함수 상자였던가?

— 맞아요. 함수 상자를 기억하세요. 이게 당신 안의 아이디
어 숲에서 좋은 아이디어를 뽑아 올리는 그물, 또는 사다리와
같은 거예요. 중요한 건 이것보다 지금까지의 과정이 더 중요
하다는 거예요. 감탄을 많이 해야 한다고요.

— 알았어요. 그건 알겠다고요. 이 상자나 설명해주시죠.

— 자, 여기에 □□분식 아주머니의 경우를 적용시켜볼게요.
아주머니의 경우엔 '테이블이 좁다'가 원래의 상황이었죠. 함

수 상자 속에는 아이디어의 숲이 있어요. 이 상자 속에서 '테이블을 벽에서 10센티미터 떼어놓는다'라는 아이디어가 튀어나왔죠. 이 상자는 상황을 더 낫게 하는 아이디어가 도출되게끔 하는 상자인 거예요. '어떻게 하면 더 나을까?'에 해당되는 태도를 상징하는 거죠.

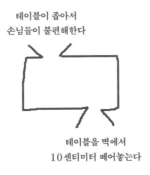

테이블이 좁아서
손님들이 불편해한다

테이블을 벽에서
10센티미터 떼어놓는다

제 친구가 고등학교 다닐 때의 일이에요. 등교 준비를 하던 아침에 엄마한테 뭘 사고 싶다며 용돈을 달라고 했다가 혼났대요. 아침 식탁에서 친구는 울어버렸고 분위기가 사나워졌는데, 같이 집을 나선 아빠가 차 안에서 그러시더라는 거예요.
"야, 느희 엄마 아침엔 안 통해. 저녁을 공략해."
제 친구가 부은 눈으로 쳐다보니까 아빠 말씀이, 엄마는 저혈압이 심해서 새벽부터 일어나 등교 준비시키는 것만으로도 이미 너무 힘들어서 여유가 없는 상황이라는 거죠. 아빠는 아침 식탁에서 무슨 얘길 꺼냈다가 말다툼으로 번지는 걸 여러 번 겪고 나서는 전략을 바꿨대요. 아침에는 "밥이 맛있다" "날씨가 풀렸다" 등 기분 좋은 얘기만 한 뒤 일단 출근하고, 용돈 협상이라든가 차를 바꿀 때가 된 것 같다든가 하는 얘기는 필히 저녁에 하는 걸로요. 그러니까 싸움이 확 줄었다는 거예요.

— 오호, 현명하시네요.

— 친구 아빠의 사고 회로를 따라가 보면 이런 거죠.

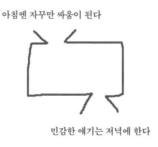

아침엔 자꾸만 싸움이 된다

민감한 얘기는 저녁에 한다

보통의 사람들은 이 상자를 사용할 생각을 안 해요. "아니, 왜 이렇게 까칠해! 이게 화낼 일이야?!"라며 따지죠. 그리고 일 주일 뒤 아침에 또 다툼이 일어나는 거예요. 그런데 친구의 아빠는 상황을 관찰하고, 뒤로 물러나 진단하고, 아침과 저녁 상황이 다를까 싶어 실험을 해본 거예요. 함수 상자를 사용한 겁니다.

— 가족과 잘 지내는 데도 아이디어가 필요하군요.

— 그럼요. 아이디어는 '이보다 나은 상태'를 만들고자 하는 어느 곳에나 필요해요.
제 친구 한 명은 집에 들어가는 길에 옆집 골든레트리버를 실컷 쓰다듬어주는 걸 좋아했어요. 옆집 개 천둥이도 퇴근하는 제 친구를 보면 반가워서 펄쩍펄쩍 뛰곤 했죠. 그런데 문제는, 밖에 있는 개라 발바닥이 깨끗하지가 않은데 자기를 보면 앞발을 들고 덤벼서 웃옷이 개 발자국으로 범벅이 되곤 했던 거예요. 그래서 개를 보면 조금 멀찍이서 진정시키고 머리만 쓰다듬어주려고 노력했지만 어쩐지 개는 개대로 사람은 사람대로 성에 차지 않았어요. 그래서 이 친구가 어떻게 했냐면,

그녀는 함수 상자를 그리며 말을 이었다.

— 안 입는 외투를 하나 갖다 놓았대요. 퇴근하면 개 전용 외

투를 입고선 옷 더럽힐 걱정 없이 실컷 껴안아주었어요.

— 둘 다 행복해졌네요.

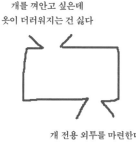

개를 껴안고 싶은데
옷이 더러워지는 건 싫다

개 전용 외투를 마련한다

— 분식집 테이블을 조금 더 넓게 쓰는 것도, 아내나 엄마와 덜 다투는 것도, 개를 실컷 안아주는 것도 이 함수 상자를 통해 더 나은 결과를 끌어낸 거예요. 그리 큰 수고가 든 것도 아니고요. 아주 작은 부분이지만 감나무 밑에 입 벌리고 누워 있지 않고 다른 방식을 시도해본 거죠.

물리적 변화가 일어나지 않았더라도 결과적으로 더 낫게 하는 방법도 있어요. 제가 '신영복식 층간 소음 해결법'이라고 부르는 건데요, 언젠가 신문에 실린 신영복 선생 인터뷰를 봤더니, 위층에서 쿵쿵 뛰는 애가 있으면 올라가서 아이스크림이라도 사주면서 얼굴도 보고 이름도 묻고 해보라는 거예요.
그러면 좀 낫대요.

— 왜요?

— 아는 애가 뛰면 덜 시끄럽다는 거예요.

— 허, 완전히 다른 방향의 해결책이네요.

— 네, 전 이 얘기 듣고 참 좋았어요. 생각의 방향이 확 달라
지는 게 느껴지죠? 또 우리 안의 어떤 벽이 무너진 거예요. 대
부분의 사람은 아이들을 못 뛰게 해야 한다고 생각하지만 그
게 어디 되나요. 아파트라는 주거 형태의 한계상 아무리 소음
을 줄이는 설계를 해도 윗집에서 애가 뛰면 울리게 마련이잖
아요. 그런데 신영복 선생의 상자는 물리적 완화가 아니라 심
리적 완화라는 새로운 결론을 도출한 겁니다.
보통의 사람들은 상황이 마음에 안 들면 항의를 하거나 규탄
하죠. 아까 말한 제 친구의 아빠나 신영복 선생은 아내나 위
층 사람에게 항의하는 대신 그 상황을 나아지게 할 새로운 아
이디어를 냈어요. 저는 아이디어는 "이러면 좀 낫지" 하는 상

층간 소음에 힘들다

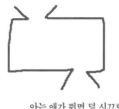

아는 애가 뛰면 덜 시끄럽다

황을 만들어내기 위한 것이지 "당신 왜 이러냐" 하고 따지는
게 아니라고 생각해요. 십자군 원정에서 프리드리히 2세가
협상으로 예루살렘을 얻어낸 이야기 기억나시죠? 중요한 건
성지순례를 하는 것이지 내 바람을 관철시키기 위해 상대를
누르는 게 아니에요.
동시에 이 이야기는 소통을 강조하는 신영복 선생의 뜻을 전
달하는 도구로도 쓰이고 있죠. 층간 소음 얘기를 하고 있지만
사실은 사람 사이의 소통에 대해 다른 방식으로 말하는 아이
디어이기도 한 겁니다.

— 그러네요.

— 함수 상자를 이용하세요. 가만히 있다가 좋은 아이디어가

튀어나오는 경우도 있겠지만, 생각을 좁히고 목적의식을 만들면 훨씬 효율적입니다. 당신이 원하는 결과가 아래쪽으로 튀어나오려면 함수 상자 속에서는 어떤 일이 일어나야 할지를 그려보세요. 늘 함수 상자를 떠올리는 연습을 하면, 불만족스러운 상황 앞에서 짜증만 내기보다는 '더 나은 상황을 만들기 위해서는 어떻게 해야 할까?'라고 생각하게 돼요. 맨 처음에 제가 뭐라고 했는지 혹시 기억나세요? 창의성은 능력이 아니라 **태도**라고 했지요. '이러면 좀 낫지'를 이끌어내려는 태도.

당신이 부당하거나 불편함을 느낄 때, 또는 뭔가 미진하거나 지루하다고 느낄 때 함수 상자를 떠올리는 순간, 당신 안의 숲에서는 즉각적으로 변화가 일어납니다. 숲이 유연하고 활기차게 살아 있다면 반응을 일으키게 되죠. 곧바로 좋은 아이디어가 떠오르지 않더라도 분명 숲은 더 나은 답을 내놓으려고 움직이기 시작해요. 이런 습관 자체가 아이디어의 숲을 시원한 바람이 흔들어놓는 것과 같기 때문에 숲은 더 생기를 띤답니다. 당신 안의 숲속에서 떠돌고 있던 수많은 씨앗이 날아오르고 튕겨나와 생각지도 못했던 다른 것과 결합하고 충돌하면서 재배열이 일어나는 거예요. 함수 상자를 떠올리는 태도, 그러니까 '이러면 좀 낫지'를 이끌어내기 위해 다르게 생각하려는 태도 없이 그저 주어진 상황을 어쩔 수 없는 것으로 받아들이기만 하다 보면 점점 우리 안에는 벽이 급속도로 들어차버리고 아이디어의 숲은 점점 말라가지요.

나는 맥주를 마시며 내 안의 어딘가에서 반짝이는 씨앗들을 상상해보았다. 멀리 날아가 새로운 곳에서 싹을 틔우는 씨앗들도.

●

— 이건 제가 실제로 겪은 일이에요. 어느 겨울, 자동차 브랜드의 SUV 모델을 광고할 때였어요. 잡지 광고의 카피를 써야 했는데, 그때 제가 광고를 통해 전달해야 할 내용은 그 자동차의 특장점인 '지능형 사륜구동 시스템'이었죠. 사륜구동은 힘이 좋고 눈길이나 험로에서도 잘 달릴 수 있는데, 이건 더 진화된 모델이었어요. 고급 SUV인 만큼 터프하면서도 무게감 있는 카피가 필요했죠. 저는 당시 여러 개의 프로젝트를 동시에 굴리느라 아주 바쁘던 때여서 시간 여유가 충분치 않았어요. 이제 카피를 완성해야 할 날이 왔는데도 저는 사륜구

●

무언가 불편하거나 미진하거나 지루할 때, 그 상태를 받아들
이기보단 이 함수 상자를 떠올려보세요. 아주 조금이라도 나
아지게 하는 방법이 떠오를 거예요.

동에서 연상한 '겨울엔 네발짐승을 타라'라는 표현 정도만 떠올려놓은 상태였고, 전날 늦도록 야근한 탓에 그날 아침 늦잠까지 자버려서 부랴부랴 택시를 타고 회사로 향했죠. 점심 전까지는 카피를 넘겨야 했기 때문에 마음이 급했어요. 택시가 한남대교를 넘어갈 때였습니다. 멍하니 차창 밖을 바라보며 머릿속으로 '네발짐승을 타라…… 네발짐승……'을 이리저리 굴려보던 중에 문득 한강 수면이 햇빛을 받아 눈부시게 찰랑거리는 게 눈에 훅 들어왔어요. 불현듯 예전에 읽은 시 두 편이 떠올랐어요. 시 전체가 떠오른 게 아니라 그 시들의 어떤 착상이 떠올랐죠.

그녀는 휴대폰에서 시를 찾아 보여주었다.

우리들 다시는 네 다리로
내달릴 수 없다
저 풀밭과
안개 걷히는 능선
오, 직립 인간의 저주여

고양이도 퇴화된 맹수이다

개도 퇴화된 맹수이다
나도 퇴화된 맹수이다

원시에서 너무 멀리 와버렸다
우리들의 오늘
잔꾀만 남아

처음 이 시를 읽었을 때 이 발상의 전복이 무척 신선했어요.
학교에서는 직립보행을 하면서 두 손을 정교하게 쓸 수 있게
된 것이 다른 동물보다 우월한 이유이고, 이 모든 문명을 이
룩할 수 있었던 요인이라고 배웠죠. 그런데 이 두 시에서는
오히려 인간이 직립함으로써 잃게 된 것들을 생각해보게 하
죠. 야성이나 자연 속에서의 보다 순수한 기쁨, 원시적 본능
같은 것들을. 갑자기 생생하게 떠오른 이 아이디어를 모티브
로 저는 휴대폰 메모장을 열고 카피를 쓰기 시작했습니다. 회
사 앞에 도착해 택시에서 내릴 때엔 이미 카피를 완성한 상태
였죠.

그녀는 휴대폰에서 이미지 하나를 보여주었다.

인간은 두 발로 서게 되면서

두 손으로 많은 것을 할 수 있었다

그러나 인간은 네 발로 달리던

원시의 쾌감을 결코 잊지 못한다

이것이 FX라는 네발짐승에

그들이 열광하는 이유다

제가 떠올린 시에 비하면 저의 카피는 얄팍하지만, 그 씨앗
자체에 과감한 인식의 전복이 있기 때문에 꽤 재미있는 카피
가 되었어요. 사람들이 사륜구동에 열광하는 건 네 발로 달리

던 원시의 쾌감을 잊지 못하기 때문이라는.

어떻게 해서 몇 년 전에 한 번 읽었던 시가 그 순간에 튀어나왔는지 저는 모르겠습니다. 다만 한 가지 확실한 건, 제가 예전에 그 시 두 편을 읽어두지 않았더라면 저 카피는 쓸 수 없었을 거란 사실이죠. 다시 말해, 저는 함수 상자에다 대고 '네발짐승'을 중얼거리고 있었던 거예요. 제 안의 아이디어 숲속에는 바람이 휘몰아쳐 씨앗들이 날리기 시작했고, 몇 년 전에 "아!" 하는 탄성과 함께 제 안으로 들어왔지만 그간 완전히 잊고 있던 반짝임의 씨앗이 '네발짐승'과 결합하며 툭, 하고 싹튼 거죠. 그 순간 제 눈 속으로 들어왔던 한강의 반짝임이 영향을 미쳤는지도 몰라요. 마치 700년 된 연꽃 씨앗이 싹을 틔우는 것처럼요. 신비로운 일이죠.

— 와…… 놀랍네요.

— 함수 상자를 믿으세요. 당신이 무언가를 많이 느끼고 감탄하며 아이디어 숲을 잘 살려두었다면, 당신이 집중할 때 함수 상자는 분명 무언가를 꺼내어줍니다.

무언가 불편하거나 미진하거나 지루할 때, 그 상태를 받아들이기보단 이 함수 상자를 떠올려보세요. 아주 조금이라도 나아지게 하는 방법이 떠오를 거예요. "우리, 한강 가서 캔 맥주 마실까?" 하는 것처럼 말이에요. 회사 생활에서 불합리하거나 힘든 부분이 있을 때, 어쩔 수 없다고 체념하지 말고 그걸 조금이라도 낫게 할 다른 방법이 있지는 않은지 생각해보세요. 이 함수 상자에 넣을 게 무엇이고 도출되기를 바라는 나아진 상황이 무엇인지 곰곰 진단해보고 실험해보세요.

회사에서 당신이 하는 업무가 정확히 어떤 건지는 모르겠지만 출근 시간을 지키는 것부터 회의, 의례적인 보고, 동료나 상사와 좋은 관계 맺기 등등 사소한 것부터 중요한 것까지 아주 많을 거 아니에요. 그중에서 무엇이라도, 아주아주 작은 거라도 더 나아질 부분이 있지 않을까요? 물론 바쁜 업무 중에 그런 생각을 한다는 게 쉽진 않을 거예요.

아주 간단한 방법은 함수 상자를 그린 종이를 회사 책상 언저리에 붙여놓는 거지요. 이건 정말로 부적이 됩니다. 볼 때마다 은연중에 '더 나은 방법'을 고민하게 되거든요. 믿으세요. 이건 정말로 효과가 있으니까. 당신이 반복적인 업무를 하다가도, 동료와 트러블이 있을 때도, 함수 상자 그림을 보면 작게든 크게든 다른 방식의 접근법을 떠올려보게 될 거예요. 좋은 아이디어가 당장은 안 떠오를 수도 있지만, 함수 상자를 그려보는 것만으로도 이미 당신 안의 숲에서는 변화가 일어납니다. 이 함수 상자야말로 창의성의 '태도'를 상징하는 거예요.

나는 냅킨의 그림을 물끄러미 들여다보았다.

우리는 술을 한 잔씩 더 시켰다.

빼기의
아이디어

10 ___ 잔

한밤의 술집에 피시맨즈Fishmans•의 노래가 흐르고, 나는 이제 취기가 꽤 올라오는 게 느껴졌다. 나는 지금껏 그녀의 이야기를 흥미롭게 들어왔다. 그런데 내 안 어느 구석에서 어떤 생각이 계속 조그맣게 목소리를 내고 있었다. 밤이 깊어지자 그 목소리는 취기를 타고 점점 힘을 얻어서, 이윽고 내 밖으로 터져나오고 말았다.

― 하지만 애초에 그냥 두면 안 될까요? 꼭 아이디어를 내고 더하고 굴려야 하는 걸까요?

조금 저돌적인 나의 말투에 그녀는 올리브를 씹다 말고 나를 바라보았다.

― 왜 꼭 그래야 하죠? 아방가르드 때문에 재즈의 세계는 견디기 힘든 것이 되고 말았어요. 현대미술은 이제 누가 설명해주지 않으면 알아먹을 수도 없는 판이 되었잖아요. 이게 예전보다 정말 더 나아진 걸까요? 여름엔 좀 덥고, 겨울에 좀 춥게 그냥 조금 견디면서 살면 안 될까요? 그걸 꼭 더 낫게 해야

• 사토 신지가 보컬을 맡았던 일본의 더브dub 밴드.

되나요? 여름엔 냉방병에 걸리고 겨울엔 반팔을 입을 정도로 난방을 해대고. 인간의 몸은 점점 편리함과 안락함을 좇으면서 약해빠지게 변해가고 있어요. 인간의 '더 나은 생활' 때문에 자연은 갈수록 파괴되고 있고요. 음식에 꼭 장난을 쳐야 할까요? 저는, 오랫동안 이어져온 방식으로 우직하게 만든 음식이 좋아요. 막 이렇게, (허공을 휘휘 저으며) 소스를 또르르 뿌려놓은 희한한 요리보다 말이에요.

끝없이 더 나은 최신 기술이 나오고, 그걸로 이제 모든 게 해결된 것처럼 말하지만 우리의 삶은 하나도 더 나아지지 않았어요. 적응될 만하면 또 새로운 기술이 나오고 또 다른 부작용이 생기죠. 꼭 필요한 것도 아닌데 온갖 마케팅 아이디어를 동원해 그게 있어야만 삶이 더 나아질 거라고 부추기잖아요. 그냥 좀 내버려두면 안 될까요? 모든 게 이렇게 빨리 변해가야만 할까요? 자연스럽고 인간적인 속도로, 소박하게 살아가면 안 될까요? 우린 정말 '더 나아지고' 있는 걸까요?

꼭 이렇게 생각하고 있던 건 아니었는데 일단 말을 꺼내놓자 어쩐지 술술 이어져 한 편의 격한 반문명 연설문이 되고 말았다. 나는 좀 머쓱해졌지만 준엄한 표정을 유지하며 그녀의 눈치를 살폈다. 어색한 침묵이 흘렀다. 시간이 흐를수록 나는 점점 더 마음이 불편해져서 그녀에게 "아니…… 잊어버리세요. 그냥 해본 말입니다!"라고 외치고 싶은 지경이 되었다. 마침내 고맙게도 그녀가 입을 열었다.

— 당신이 무슨 말을 하려는지는 잘 알겠어요. 그리고 저도 그 생각에 어느 정도는 동의해요. 그렇지만…….

나는 맥주잔을 손으로 문지르며 다음 말을 기다렸다.

— 당신이 이렇게 복잡하고 비인간적인 현대사회가 도래하기 전에 태어났다고 쳐봐요. 당신이 귀족이나 양반이라면 세상은 꽤 아름답고 느릿하고 살기 괜찮은 곳일 수도 있죠. 하지만…… 노예나 노비였다면요? 혹은 억울하게 마녀로 몰려 산 채로 불타 죽을 판이어도 당신은 변호사를 선임할 수조차 없어요. 아니, 흑사병으로 일가족과 함께 죽는 게 더 빠를지도 모르고요. 제도나 의학의 발전도 아이디어의 발전이기 때문이죠. 평등과 인권의 관점에서 본다면 분명 근대 이전의 사회보다 현대사회가 발전한 것은 맞아요. 당신은 기술의 발전에 염증을 느끼지만 기술 아이디어와 의식 아이디어는 톱니바퀴처럼 맞물려 돌아간다고요.

우리는 은연중에 아이디어란 무언가를 '더하는' 것이라고 생각하지만 꼭 그렇지만은 않아요.

이걸 '빼기의 아이디어'라고 불러봅시다.

— 하지만 이제 우리는 모두 돈의 노예가 되어 있는걸요.

나는 왜인지 모르겠지만 이렇게 말했다. 그녀는 차분한 목
소리로 대답했다.

— 그 말도 맞지요. 하지만 공고했던 노예제도를 폐지시킨
것도 역시 우리 인간들이라고요. 당신이 어떤 염증을 느끼는
지는 알겠어요. 하지만 신석기시대 빗살무늬토기조차 이미
훌륭한 아이디어의 산물임을 생각하면 당신이 말하는 것처
럼 '애초에 내버려두는 것'이 도대체 어느 정도에서 가능한
것인지 아득해질 거예요.

나는 그제야 내가 갑자기 울컥했던 이유를 깨달았다.

— 좋아요. 제가 누리고 있는 모든 것이 아이디어의 산물이
라는 것도 인정해요. 그렇지만 정도의 문제라는 게 있잖아요.
제가요, 지난 주말에 전남 순천에 다녀왔어요. 십수 년 전에
갔던 순천만 갈대밭을 다시 보고 싶어서요. 옛날에 제가 갔을
때는 순천만 들어가는 길이 비포장도로였어요. 그래서 사람
도 별로 없고, 그저 갈대만 끝없이 가득한 곳이었지요. 쓸쓸

하면서도 깨끗하고, 자연을 느낄 수 있는 곳이어서 감동했어요. 그런데 이번에 갔더니 도로가 잘 닦여 있고 거대한 주차장이 있더라고요. 들어가는 곳에는 자연생태관이란 큰 건물이 지어져 있고 그 앞에는 짱뚱어와 낙지, 두루미 조형물들이 늘어서 있었어요. 인공적으로 조성한 잔디밭 사이로 보도블록이 깔렸고요. 갈대밭 쪽으로 들어가니 나무 덱으로 조성해놓은 산책로를 따라 수없이 많은 사람들이 바글바글 거의 줄을 서서 걷고 있었어요. 모터보트를 타고 굉음을 울리며 철새 도래지인 갈대밭을 가로지르는 투어가 생겼고요. 제가 그 정신없는 곳을 빠져나와 망연히 서 있자니 거대한 모형 두루미를 얹은 '순천만 갈대열차'가 제 앞에 와서 서더군요.

— 아이코…….

— 무슨 '갈대 테마파크' 같았어요. 그게 발전일까요? 편리함을 위해서 온갖 아이디어를 더할수록 거긴 더 파괴되고 추해지기만 할 뿐이에요. 저는 정말 소리를 지르고 싶었어요. 제발, 그냥, 가만히 좀 내버려두라고!

그녀는 고개를 끄덕였다.

— 강진에 가면 '영랑생가'라고, 김영랑이 살았던 집이 있어요.

— 시인요?

— 네, 〈돌담에 속삭이는 햇발같이〉와 〈모란이 피기까지는〉을 썼던. 강진은 작은 바닷가 마을이에요. 집들도 나지막하고 마음이 편안해지는 곳이지요. 거기, 연립 빌라와 살림집들 사이에 거창할 것도 없이 영랑생가가 있었어요. 조그만 마당이 있고, 깔끔하고 소담한 초가집이 있고, 야트막한 돌담이 있었지요. 햇빛 잘 드는 그 마당을 이리저리 거닐면 '아, 고졸함이란 이런 것이로구나' 싶었지요. 그때의 기억이 참 좋았기 때문에 저도 여러 해가 지나 그쪽을 여행하면서 다시 영랑생가를 찾은 적이 있어요. 그런데 이번엔 앞·뒷마당에 모란이 가득 심어져 있더라고요. 꼭 그래야 했을까요?
모란으로 유명한 시인이니 그의 집에 모란을 가득 심자는 아이디어는 어딘가 불필요하게 친절합니다. 뒷마당 어디쯤 모란 몇 송이 핀다면 이 소담한 집을 천천히 돌아보던 사람에게 그윽한 즐거움을 주었을 거예요. '아, 이것이 영랑의 모란일까?' 하고요. 하지만 앞·뒷마당 가득한 모란은 이런 느낌을 줘요. "자, 모름지기 '영랑' 하면 모란이죠! 혹시라도 모르고 지나치실까 봐 구석구석까지 모란으로 채워두었습니다!"

어쨌든 다시 찾은 영랑생가는 조그만 마당 이곳저곳에 놓여 있던 영랑의 시를 새긴 거대한 바윗돌 시비가 집 규모에 비해 너무 큰 것이 아닌가 싶었지만 그럭저럭 여전히 사랑스러운 집이었습니다. 그런데 영랑이 글을 쓰곤 했다는 사랑채에 이르러서 전 공포 체험을 하게 되는데…….

이건 두루미를 얹은 순천만 갈대열차에 비견할 만한 것이었달까요. 영랑이 글을 쓰곤 했다는 사랑채에 한복을 입은 영랑의 마네킹이 앉아 있더라고요.

— 세상에!

— 정말 무서웠어요. 우리나라 지자체는 관할 아래 있는 관광지에 아이디어를 더하는 것만이 자신들의 본분을 다하는 것인 양 생각해요. 커다랗게 지어놓은 생태체험관은 생태를 파괴하고, 철새전망대는 철새를 쫓아내죠. 생태체험관을 크게 짓기보다는 바깥에 있는 자연 그대로의 생태를 느끼게 해야 하는 것 아닐까요? 철새 도래지가 유명해진 것은 철새가 오기 때문이지 사람이 많이 오기 때문은 아니지 않을까요?

— 맞아요. 제 말이 그 말이에요. 괜한 아이디어가 너무 많아요.

— 전 몇 년 전에 철새 도래지인 부산 을숙도에 간 적이 있는데 철새가 아닌 사람들이 많이 오게 하기 위해 온통 공사판이 되어 있더라고요. 전 거기다 철새전망대와 생태체험관을 지을 게 아니라, 보호해줘야 한다는 철새 산란장 위를 호쾌하게 지나는 고가도로부터 허가를 내주지 말았어야 하는 게 아닐까 생각했어요.

— 아, 거긴 또 '철새 테마파크'를 짓나 보군요.

— 충남 청양에 갔더니 가로등마다 커다란 고추가 매달려 있더군요. 청양고추를 알리기 위한 거였죠. 밤이면 이 고추들엔 벌겋게 불이 들어옵니다.
가로등에 지자체를 홍보할 거리를 넣는 것은 전국적인 유행이에요. 양반 문화로 유명한 경북 안동에 가면 도포를 입고 갓을 쓴 양반 캐릭터가 가로등마다 붙어 있어요. 제주도 산굼부리 근처의 교래리 마을은 토종닭 특구로 지정되어 있는데, 가로등마다 토종닭 그림이 홰를 치고 있더라고요.

— 하하하.

— 그냥 코믹하고 키치적인 풍경 정도로 생각하고 넘어가기
엔 이 문제는 꽤 심각하답니다. 이 분야의 최고봉은 전남 무
안에 있는 양파 가로등인데, 이걸 보면 웃음이 싹 가실 정도
라고요.

무안 양파 가로등 사진을 찾아본 나는 그야말로 웃음이 싹
가시고 말았다.

— 그것도 모자라 줄줄이 늘어선 양파 가로등이 밤이면 알
록달록 불이 들어오는 데다 끝없이 색이 바뀌기까지 한다는
군요.

나는 실로 공포스러워졌다.

— 가로등에 지자체의 특성을 반영하자는 아이디어는 그 자
체로는 나쁘지 않았을지도 몰라요. 가끔 귀여운 가로등도 있
지만, 결코 미감이 우수하다고 할 수 없는 디자인의 가로등이
곳곳에 들어서면서 전 국토를 거대하고 알록달록한 테마파

크로 만들어놓고 있단 느낌이 들어요. 그리고 저 많은 캐릭터 가로등을 만들 돈으로 차라리 그 지역 특산물을 만드는 분들을 보호하고 지원하는 게 더 낫지 않을까 싶어지죠.

— 지자체들은 무언가 눈에 보이는 아이디어가 있어야만 안심하는 것 같아요.

— 윗선에 보고하기도 좋을 테죠. 자기네가 한 것이 눈에 보여야 한다는 강박이 많은 공해를 초래해요.

— 그렇죠!

나의 맞장구에 그녀의 차분했던 목소리는 다시금 힘을 되찾았다.

— 돈은 돈대로 쓰면서 온 나라를 뒤엎고 자연과 미감을 파괴하는 아이디어들을 보고 있자면 "이봐, 당신들, 제발 아이디어 좀 내지 마!" 하고 소릴 지르고 싶어져요. 아까 당신이 그랬던 것처럼요. 특히 자연환경은 한번 파괴되면 되돌릴 수가 없으니 정말 끔찍하죠. 사람 손길을 거두는 아이디어를 내

야 할 판에 정비라는 명목으로 밀어붙인 4대강 사업은 또 얼마나 부작용이 심각한가요. 큰 건물이나 구조물은 한번 만들면 쉽게 부술 수도 없기 때문에 애초에 아주 신중해야 합니다. 거기 놓여 있는 것만으로도 미감에 영향을 미치고, 다른 많은 의미를 파생시키기도 하니까요.

청양군의 고추에 대한 집착이 얼마나 끔찍한 결과를 가져왔는지 보여드릴게요. '청양호 출렁다리'를 찾아보세요.

— 아, 이건 정말 몹쓸 아이디어로군요.

나는 괴로워서 두 손으로 얼굴을 쓸었다.

●

— 물론 공공 건축 부문에 이런 고약함만 있는 건 아니에요. 다큐멘터리 영화 〈말하는 건축가〉에는 지금은 작고하신 정기용 건축가의 공공 건축 이야기가 나와요. 그가 전북 무주에 있는 안성면사무소를 짓기 위해 제일 먼저 한 일은 주민들을 만난 거였어요.

"무엇이 들어가면 좋겠습니까" 했더니 나이 지긋한 주민들은 이구동성, 짓지 말라고 해요. "왜 돈을 처들여가면서 면사무소를 짓느냐" 열의 아홉이 그랬대요. 짓지 마라. "그래도 짓는다면 뭣이 필요합니까" 했더니 "목욕탕이나 지어줘" 하시더래요. 그때까지 안성면 주민들은 1년에 몇 번 봉고차를 빌려서 대전까지 가서 목욕을 하고 왔대요. 그래서 정기용 건축가는 면사무소에 정말로 목욕탕을 지었어요. 그는 말했어요. "건축은 근사한 형태를 만드는 작업이 아니라 사람들의 삶을 섬세하게 조직하는 일이다." 또 그는 건축을 면밀한 관찰을 통한 배려라고 생각했기 때문에 공공건물을 지을 때는 "쓸 사람에게 물어봐야 한다"고도 했어요.

그의 철학 또한 건축에 대한 하나의 아이디어이죠. 전 이게 절대적으로 옳다고 주장하는 게 아니에요. 하지만 우리나라의 공공 디자인에 있어서 무척 부족한 아이디어임은 확실해요. 이건 하루 이틀에 해결될 문제도 아니지만, 가만히 둔다고 나아질 문제도 아니죠.

나의 쓰린 눈이 안성면사무소 겸 목욕탕의 존재로 인해 조금 나아졌다.

— 아이디어는 무언가를 더하는 것만이 아니에요. 더하지 않

는 것도 아이디어죠. 런던은 지난 수십 년간 도심에 주차장을 더 짓는 것에 대한 허가를 내주지 않았다고 해요. 도로도 늘리지 않고요. 그래서 사람들이 개인 자동차를 타고 런던 시내를 다니는 걸 불편하게 만드는 거예요. '대중교통을 이용하라'는 광고를 만들기보다는 '차 가지고 나가면 골치 아프다'를 느끼게 해주는 게 더 효과적인 아이디어예요. 서울의 운전자들은 명절 연휴에 시내 교통량이 줄면 "이 정도만 돼도 차 몰고 다닐 만할 텐데"라며 좋아하죠. 매연과 교통 체증 때문에 자동차가 반 정도로 줄어야 된다고 말하면서도 정작 본인은 자동차를 포기하지 못해요. 자기 차를 타는 게 어찌 됐든 더 편하기 때문이에요. 하지만 그 불편함과 경제적 부담의 정도가 더 커진다면 자연스럽게 승용차를 덜 타게 되겠지요. 런던의 공무원들은 교통 문제 해결을 위해 무언가를 '더하지 않기'를 선택한 거예요. 이건 나몰라라 하고 내버려두는 것과는 달라요. 고의적인 불편을 초래하기 위해 의도적으로 선택한 아이디어이죠.

— 더하지 않는 아이디어를 더한 거로군요.

— 그렇다고 할 수 있죠. 방향은 다르지만, 서울시청 공무원

들도 주차와 관련해서 아주 훌륭한 아이디어를 냈어요. '영세한 소규모 식당이 잘되게 하려면 어떻게 시청에서 보조를 해줘야 할까?'라는 과제에 서울시청이 접근한 방식은 너무나 단순하게 허를 찌르는 부분이 있어서 어떤 쾌감이 느껴져요.

— 어떤 건데요?

— 점심시간 전후에는 영세 식당 주변 도로에서 주차 단속을 안 하기로 한 거예요.

— 오.

— 영세 식당은 주차장 마련을 위해 돈을 더 들일 필요가 없고, 시민은 쉽게 식당을 이용할 수 있고, 공무원도 단속에 더 열을 올릴 필요가 없지요. '하지 않기'를 선택한 거예요. 이걸 '빼기의 아이디어'라고 불러봅시다. 우리는 은연중에 아이디어란 무언가를 더하는 것이라고 생각하지만 꼭 그렇지만은 않아요.

— 빼기의 아이디어를 '더한' 거로군요. 플러스 괄호 열고 마

이너스 엑스 괄호 닫고.

— 맞아요. 그러네요.

그녀는 수첩에 이렇게 적었다. +(-X).

— 엄청난 열풍을 일으켰던 제주도 올레길을 생각해보세요.
올레길은 지자체에서 일부러 조성한 길이 아니에요. 알려진
대로 서명숙 씨 남매와 많은 자원봉사자들의 힘으로 '끊긴 길
을 잇고, 잊힌 길을 찾고, 사라진 길을 불러내어' 만든 길이죠.
제주도의 해안을 따라 오랜 세월 사람들이 다니면서 생긴 길
과 그 길의 흔적을 창의적이고도 아름다운 방식으로 이은 거
예요. 그건 시간이 닦은 길이기 때문에 어떤 도시계획가의 설
계로도 도달할 수 없는 자연스러움이 배어 있어요. 올레길을
만든 사람들은 그 사실을 잘 알고 있었죠. 올레길을 만들면서
내건 구호는 '안티 공구리(콘크리트)'였다지요. 자연에 인위적
인 변형을 가하거나 기계를 동원하지 않겠다고 다짐했대요.
그러니 올레길 역시 '빼기의 아이디어'인 거지요. 사람의 손
길을 거두는 아이디어. 빼기의 아이디어는 그저 내버려두는
것과는 다르다고 했죠? 올레길은 세심한 빼기의 아이디어로

가득해서 진정으로 풍성한 길이 되었는데, 그 예 중 하나는 이정표예요. 올레길 이정표를 만들 때의 원칙은 이랬대요. '사람들이 헷갈릴 만한 갈림길에만 표시할 것, 크기는 되도록 작게 만들 것, 친환경 소재를 사용할 것, 주변 풍광과 어우러져 도드라지지 않되 눈에는 쏙 들어올 것.'

글자가 들어간 이정표는 커질 수밖에 없으니 만국 공통의 기호인 화살표만 썼어요. 색깔은 제주 바다의 파란색과 제주 감귤색. 이 화살표는 산티아고 순례길의 노란 화살표에서 아이디어의 씨앗을 얻은 거래요. 화살표를 그려 넣을 돌멩이가 없는 곳에는 나뭇가지에 리본을 묶어서 표시했죠. 이런 센스는 그간 우리나라 대다수 지자체에는 전무한 것이었어요. 수많은 사람이 올레길의 방향에 엄청난 지지를 보냈고, 명실공히 올레길은 한국에서 가장 사랑받는 도보 여행길이 되었죠.

— 아, 맞아요. 올레길은 정말 좋지요.

나는 작년에 올레길에서 밟았던 갯바위와 흙과 풀잎의 느낌을 떠올려보았다. '안티 공구리' 정신 덕분에 내 발로 받아들이게 된 촉감의 씨앗들.

김홍도, 〈주상관매도〉

— 사실 우리 문화는 원래 빼기의 아이디어에 아주 익숙합니다. 한국화에서 아주 중요하게 여기는 것은 여백이죠. 전통적인 서양화에는 없는 기법이에요. 여백은 다름 아닌 빼기의 아이디어예요.

때로 여백은 그 어떤 정밀 묘사보다도 훨씬 더 많은 것을 품을 수 있어요. 사람의 두뇌는 형태를 완전하게 인지하기 위해서 무의식 중에 공백을 스스로 채우려는 식으로 작용하지요. 정묘하게 비워둔 여백은 보는 이에 따라 무수하고 한없는 것들을 피워 올립니다. 때로 빼기는 그 어떤 더하기보다 더 풍성한 결과를 가져와요.

그녀는 올리브를 씹었고, 나는 맥주를 마셨고, 황은 음악을 골랐다. 대화는 잠시 멈추었지만 편안한 침묵이었다.

— 조각가 콘스탄틴 브란쿠시Constantin Brancusi는 "사실에 접근할수록 시체를 만들 뿐이다"라고 말하며 사실적인 형태 이전의 것, 보다 본질적인 것을 포착하려는 아이디어를 갖고 있었어요. 그는 이렇게 말하기도 했죠.

"당신은 물고기를 볼 때 그 비늘을 생각합니까? 그러진 않을 겁니다. 당신은 그것의 빠른 몸놀림, 그것의 유영, 물속으로 언뜻 보이는 그 반짝이는 몸을 생각할 것입니다. 내가 표현하고자 한 것이 바로 그것입니다. 만약 내가 지느러미와 눈과 비늘을 만든다면, 나는 물고기의 움직임을 억류하고 유형화된 하나의 패턴에 당신을 붙잡아놓는 셈이 됩니다. 내가 원하는 건 오직 정신의 섬광일 뿐입니다."•

그녀는 두 장의 사진을 보여주었다.

— 이건 그가 조각한 새와 수탉이에요. 그의 말을 생각하면서 보다 보면 그가 깃털과 부리와 발톱을 표현하는 대신, 그 모든 것을 빼고, 빼고, 빼나가서 도달한 새와 수탉의 어떤 궁극적인 인상, 또는 정수를 알 것도 같지요.

— 그러네요. 확실히 이 녀석은 암탉은 아니고 수탉인데요.

— 하하, 그렇죠? 저는 이 작품들이 훌륭한 빼기의 아이디어

• 인용처, 박명욱, 《너무 낡은 시대에 너무 젊게 세상에 오다》, 그린비, 2004.

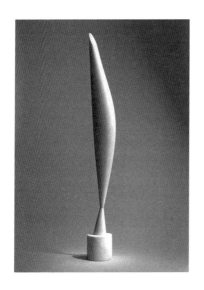

콘스탄틴 브란쿠시, 〈공간 속의 새〉(위), 〈수탉〉(아래)

로 가득 차 있다고 생각해요. 빼기의 아이디어란 이렇듯 그저 내버려두는 것이 아니라 무엇을 제거하고 무엇을 남길 것인가에 대한 치열한 선택의 문제예요. 건축가 미스 반데어로에Mies van der Rohe는 현대 디자인의 경구가 된 저 유명한 말을 남겼죠. "적은 것이 많은 것이다Less is more."

"덜어내는 것이 더하는 것이다" "잘 비운 여백은 그 어떤 채움보다 풍성하다"와도 통할 테고요.

그녀가 잠시 말을 멈추자, 팻 메시니Pat Metheny와 찰리 헤이든Charlie Haden의 미니멀한 연주가 조용히 들려왔다.

— 음악에서 덜어냄, 여백에 해당하는 건 쉼표겠죠. 가야금 산조가 진양조로 느리게 흐를 때, 우리는 음과 음 사이에 바람이 드나드는 것을 느낄 수 있어요. 그건 현을 튕기는 소리를 듣는 것이기도 하지만 그 사이의 침묵을 듣는 것이기도 하죠. 그 여백, 그 침묵은 확실한 존재감을 가진 음악의 구성 요소예요. 그 침묵을 극한까지 밀어붙이면 존 케이지John Cage의 〈4분 33초〉가 되겠죠.

— 아, 그…… 가만히 앉아만 있던.

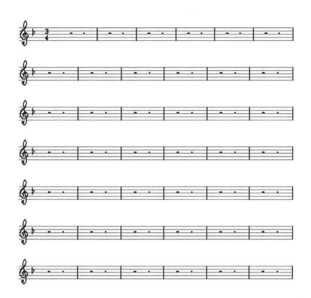

존 케이지, 〈4분 33초〉의 악보

— 네, 작곡가이자 전위예술가이던 그는 4분 33초간 피아노
앞에서 건반을 두들기지 않고 가만히 앉아 있는 곡을 '작곡'
했습니다. 음을 모두 덜어낸 음악이 완성된 거죠. 그건 아무
것도 아닌 것과는 달라요. 청중이 있었고, 전문 피아니스트가
있었고, 시작과 끝이 있었고, 침묵이 있었죠.

— 에이, 전 그런 건…… 사기 같아요, 사기.

— 사기죠. 맞아요. 하지만 적어도 침묵을 소리 높여 우리에게 들려줬죠, 그 사기꾼이. 어찌 보면 그 사기꾼의 속내는 아까 당신이 했던 주장과도 닿아 있을지 몰라요. 모든 걸 좀 내버려두면 안 되냐던. 지금껏 우리는 정신없이 채워왔죠. 넘쳐나는 아이디어, 넘쳐나는 의미, 넘쳐나는 상품, 넘쳐나는 예술. 그 사기꾼은 침묵과 여백의, 그러니까 빼기의 아이디어를 우리 앞에 강력하게 던져놓았던 거예요.

나는 남은 맥주를 마시며 사기꾼의 침묵을 곱씹었다. 맥주가 줄어가는 만큼 천천히 취기가 차올랐다. 그녀가 덧붙였다.

— 그나저나 자연을 최상의 가치로 치고, 여백과 침묵의 아름다움을 즐길 줄 알았던 사람들이 어떻게 고추를 홍보하겠다고 세계에서 제일 큰 고추 조형물을 세우기에 이르렀을까요.

우리는 술을 한 잔씩 더 시켰다.

숲의
그늘진
곳

11____잔

그녀는 와인 잔을 만지작거리다 말했다.

— 최초의 순수 추상 작품을 그린 사람이 누구라고 배웠는지 기억나세요?

— 칸딘스키……? 맞나요?

— 네, 우리는 바실리 칸딘스키라고 배웠지요. 지금도 다들 그렇게 알고 있고. 그런데 아니었어요. 힐마 아프 클린트Hilma af Klint라는 스웨덴 여성 화가가 그린 영적이고 추상적인 작품이 칸딘스키보다 앞선 것이었대요.

— 그런데 왜 칸딘스키라고 배웠던 거죠?

— 일단은 힐마 아프 클린트가 자신의 사망 후 20년 동안 작품을 공개하지 말아달라고 해서 1960년대가 되어서야 그 그림들이 세상에 나왔기 때문이에요. 하지만 미술계에서 전혀 알려지지 않은 데다 여성 작가였기 때문에 그 작품들은 제대로 받아들여지지 않았고, 오랫동안 지하실에 놓여 있어야 했죠. 지금도 학교에서는 추상화라는 아이디어가 칸딘스키의

것이라고 가르쳐요. 최근에 와서야 아프 클린트를 최초의 추상화가로 바로잡기 위한 재조명 작업이 활기를 띠고 있어요. 그래도 그녀는 스웨덴 왕립미술학교에서 공부할 수라도 있었죠. 오랫동안 여성들은 예술교육을 받을 수 없었어요.

여성 조각가 카미유 클로델Camille Claudel은 눈부신 재능을 가지고 있었지만 여성이었기 때문에 프랑스 국립미술학교에 들어갈 수 없었죠. 열아홉 살에 조각가 로댕의 아틀리에에 제자로 들어간 카미유 클로델은 마흔세 살 중년 남성이던 로댕과 연인 사이가 됩니다. 그에게는 이미 파트너가 있었죠. 그녀는 로댕의 모델이자 조수이자 연인으로서 오랜 세월을 보냈어요. 카미유 클로델의 예술적 능력은 로댕에게도 큰 영향을 미쳤습니다. 나중에 로댕과 결별한 그녀는 자신만의 예술 세계를 구축하려 했지만, 미술계를 장악하고 있던 로댕의 사람들이 그것을 방해했어요. 점점 피폐해지며 은둔하게 된 카미유 클로델은 정신병원으로 보내졌고, 30년 동안이나 거기 갇혀 있다가 죽었죠.

— 세상에!

— 위대한 성취를 이룬 남성들이 여성을 대한 방식은 지금의

눈으로 보면 비윤리적이거나 악랄한 경우가 많아요. 특히나 남성들의 판이던 예술계에서 여성을 대상화하고 착취하는 경우를 이른바 '뮤즈'라는 말로 뭉뚱그리곤 했는데, 피카소의 경우는 심했죠. 그는 여러 여성을 뮤즈로 삼았다가 내팽개치고, 다른 뮤즈로 옮겨가곤 하면서 여성들을 정신적으로 학대했어요. 40대 중반의 결혼한 몸으로 17세인 마리 테레즈 발테르Marie-Thérèse Walter를 쫓아다녀 '내연녀'로 만든 걸 생각하면 정말 징그럽죠. 사람들은 그의 행각을 '화려한 여성 편력'이라고 미화해서 부르곤 했지만, 지금의 눈으로 보면 그는 파렴치한 성착취범에 가까워요.

마하트마, '위대한 영혼'이라는 간디는 또 어땠을까요? 간디 부부가 감옥에 갇혔을 때 아내인 카스투르바가 폐렴에 걸렸어요. 페니실린을 투약하면 살 수 있었는데 간디는 서양의 약은 부도덕한 것이라며 아내에게 투약하는 것을 자기 멋대로 반대했죠. 카스투르바가 의식을 되찾을 때마다 그는 페니실린을 쓰면 그들 모두의 신념이 무너질 거라고 말했고, 결국 카스투르바는 목숨을 잃었습니다. 그런데 정말 고약한 것은, 그 얼마 뒤 간디 자신이 말라리아에 걸렸을 때는 서양 약을 기꺼이 받아들여서 목숨을 구했다는 점이에요.

— 뭐라고요? 이런…….

나는 아까 그녀의 이야기를 들으며 달리 생각하게 된 간디의 이미지가 또 한번 뒤집히는 것을 느꼈다. 그는 흰 천을 두르고 물레만 돌렸던 고결한 지도자에서 아이디어로 가득한 행동파가 되었다가, 이제는 아내를 죽도록 내버려둔 이기주의자가 되었다.

— 그리고 자신의 금욕 의지를 시험해보기 위해서라며 70대 후반에 이르기까지 젊고 어린 여성들과 나체로 동침했어요. 성관계를 가진 것은 아니지만 국가의 지도자로 불리는 남성이 10대 후반의 여성에게 나체로 자신의 침대로 들어오라고 하는 것은 명백히 비윤리적인 일이죠.

나는 비위가 상했다.

— 명성과 권력을 쥔 남성들이 여성을 착취하고 성적으로 비윤리적인 일을 벌이면서도 '고결한 영혼' 따위의 수식어를 얻는 일은 비일비재해요. 조금 전에 얘기한, 제가 카피를 쓰는데 아이디어를 제공해줬다는 시 두 편은 고은 시인의 것이었

어요. '민족 문학의 수장'이라 불리던 원로 시인이죠. 2017년 10월, 미국의 영화 제작자 하비 와인스타인의 성폭력을 고발하기 위해 시작된 미투#MeToo 운동으로 온 세상이 들썩였어요. 이즈음 최영미 시인이 발표한 시 〈괴물〉을 통한 폭로를 시작으로 고은 시인의 성추행과 엽기적인 음란 행위에 대한 증언이 끝없이 이어졌죠. 이를 부인한 고은 시인이 최영미 시인을 상대로 손해배상을 청구했지만 2019년 2월, 법원은 이를 기각했습니다.

저는 이 추악한 사실을 알게 되었을 때, 제가 이 사람의 시 여러 편을 기억하고 있을뿐더러 그것에서 아이디어를 얻어 카피를 쓰기도 했다는 사실이 견딜 수 없이 불쾌하게 느껴졌어요. 그로부터 얻은 아이디어의 씨앗을 도려내고 싶다는 생각도 했죠. 하지만 점점 깨닫게 된 것은 지금까지 예술과 정치와 전쟁을 해온 주체가 남성이었고, 세상의 역사는 그들의 관점으로만 쓰였다는 사실이었어요. 여성에게는 교육 기회조차 주지 않았고, 세상은 온갖 방법을 동원해 여성의 활동을 억눌렀죠. 어떤 위대한 과업을 성취한 남성이라 할지라도 여성의 입장에서 보면 위선자처럼 보이는 경우가 많아요.

그렇다면 저는 어느 선까지 불쾌한 씨앗들을 도려내야 할까요? 그 옛날 아리스토텔레스부터가 "여성과 노예의 본성은 시민이 되기에 적절치 않다"라고 차별 발언을 한 마당에?

— 싫다…….

나는 점점 가슴이 답답해져 맥주를 들이켰다.

— 싫죠, 싫어요. 세상의 역사는 곧 강자의 역사였어요. 강자의 입맛에 맞게 쓰였고 약자의 이야기는 뒤틀리거나 은폐되어왔어요. 제가 어린 시절 좋아하던 미국의 서부영화에서, 백인 남성 보안관은 선의 상징이었고 인디언은 미개한 악의 무리였죠. 하지만 인디언의 입장에서 생각해보면, 아메리카 대륙에서 원래 평화롭게 잘살고 있던 그들 앞에 난데없이 나타나 그들을 학살하고 노예로 만든 것은 백인으로 이루어진 제국주의 군대였어요. '인디언'이라는 말도 콜럼버스가 아메리카 대륙에 도착해 그곳을 인도라고 착각했기 때문에 붙은 일방적인 이름이죠. 지금은 '아메리카 원주민'이라는 말을 더 많이 쓰고 있어요.
이렇듯 역사는 강자의 언어로 쓰여왔지만, 무력해질 일은 아니라고 생각해요. 지금껏 이야기해온 것처럼 노예제도도 인간이 만든 아이디어의 산물이고, 그걸 무화無化시키는 '천부

인권'이라는 아이디어도 마찬가지니까요. 인간들은 절대왕정이라는, 결코 무너지지 않을 것 같던 거대한 벽도 쓰러뜨렸습니다. 지금껏 백인 남성들이 써온 역사가 세계사의 거대한 숲을 이루고 있었다면 그 숲의 그늘에 가려졌던 비백인, 여성, 소수자, 약자들의 역사를 부지런히 발굴하고 튼튼한 나무로 키워내는 게 중요하겠죠. 그편이 역사와 세상을 더욱 풍성하게 할 거예요. 이전의 역사에서 씨앗을 도려내기보다는요.

●

그녀는 머리를 쓸어넘긴 뒤 잠시 말을 멈추었다. 마침 우리를 제외하고 술집에 남아 있던 마지막 손님들이 퇴장했다. 우리는 의자를 당겨 길을 터주었다.

— 도로시 카운츠Dorothy Counts라는 미국 여성이 있어요. 백인 고등학교에 입학한 최초의 흑인 학생들 중 한 명이었죠. 1957년, 열다섯 살이던 그녀는 해리 하딩 고등학교에 입학한 유일한 흑인 학생이었어요. 그녀는 등교 첫날부터 굉장한 수모를 겪었습니다. 백인 학생들은 도로시 카운츠에게 돌을 던지고 침을 뱉었으며, 가족의 차를 부숴뜨렸어요. 그때 괴롭힘

을 받으면서도 침착하게 무대응으로 일관하는 도로시 카운
츠 뒤로 온갖 조롱과 야유를 퍼붓는 백인 학생들의 모습이 사
진으로 찍혔어요. 그 사진들은 그해의 보도사진상을 받았습
니다. 나흘 동안의 지독한 괴롭힘 끝에 도로시 카운츠는 다른
주의 인종 무차별 학교로 전학했죠. 그녀는 훗날 무사히 대학
교를 졸업하고 보육 분야에 투신해 일하게 됩니다.

단 나흘이었지만, 도로시 카운츠를 괴롭힌 백인 학생들의 이
미지는 사진으로 영원히 남았어요. 그때는 그들이 강자라고
느껴서 흑인 여성이라는 '이방인'을 마음대로 괴롭혔는지는

모르겠지만, 지금 눈으로 보면 이 사람들은 악랄하고 멍청해 보이죠. 세상이 어떻게 바뀌고 있는지도 모르는 얼간이들로. 딱히 인종차별에 대한 신념을 가져서가 아니라 모두들 그렇게 행동하니까 별생각 없이 도로시 카운츠를 조롱하는 데 합류했을 거예요.

2000년대에 들어서 어떤 사람이 도로시 카운츠에게, 자신이 저 유명한 사진 속 무례한 백인 소년들 중 한 명이라며 정식으로 사과했다고 합니다. 그리고 해리 하딩 고등학교에는 도로시 카운츠의 이름을 딴 도서관이 생겼지요.

— 휴…… 그래도 세상은 바뀌는군요.

— 맞아요. 인종차별은 여전히 남아 있지만, 이제 그것은 악행으로 널리 인식되죠. 또 한 장의 유명한 사진이 있습니다. 어느 여성이 달리기 대회 도중에 몸싸움을 벌이는 사진이죠. 1967년 보스턴 마라톤에 캐스린 스위처Kathrine Switzer라는 여성이 출전했어요. 당시 마라톤은 여성에게 금지되어 있었죠. 몰래 출전한 캐스린 스위처가 6킬로미터를 지날 즈음 대회 조직위원회에 '여성이 달리고 있다'는 사실이 알려졌어요. 감독관이 달려와 그녀의 어깨를 잡아채며 "번호표 내놓고 내 레

이스에서 꺼져!"라고 소리쳤지만 그녀는 남성 코치와 애인의 도움으로 그것을 뿌리치고 달립니다. 캐스린 스위처는 피투성이가 된 발로 끝까지 달려서 마침내 여성 최초로 마라톤을 공식 완주한 사람으로 기록되었죠. 이 사진은 〈라이프〉에서 선정한 '세상을 바꾼 100장의 사진' 중 하나예요. 지금의 눈으로 보면 이 사진의 내용은 어이가 없을 정도입니다.

— 지금은 여성이 당연히 마라톤을 할 수 있으니까요.

— 그렇죠. 2017년, 캐스린 스위처는 50년 만에 다시 보스턴 마라톤에 출전했어요. 출전 번호는 저 상징적인 261번이었죠. 50년 전 여성 처음으로 완주 기록을 세울 때 달았던 번호. 이 대회의 여성 참가자는 이제 단 한 명이 아니라 거의 참가자 절반으로 늘어나 있었어요. 70세의 캐스린 스위처는 다시 한 번 경기를 완주했고, 보스턴 마라톤 조직위원회는 캐스린 스위처를 기리는 의미로 261번을 영구 결번으로 지정했답니다.

그녀와 황과 나는 함께 건배했다.

— 아무리 견고해 보이는 벽이라도, 누군가가 시도하고 그 아이디어가 다른 사람들에게로 퍼져나간다면 우리는 그 벽을 넘어뜨려 다리로 만들 수 있어요. 여성 마라톤은 남성이 마라톤을 달릴 기회를 침해하는 게 아니에요. 여성과 남성이 함께 달릴 수 있어 세상은 더 풍성해진 거지요. 남녀 차별은 지금도 있지만, 옛날에 비해서는 확실히 나아졌어요. 요즘 사람이라면 누구나 저 사진을 보고 "옛날에는 저랬구나" 하고 깜짝 놀랄 테니까요. 앞으로는 더 나아질 거예요.

— 그리고 저런 역사적인 사진에 악역으로 찍히는 사람은 되

지 말아야겠어요.

— 그래요. 아까도 말했지만 저들은 딱히 악한 마음을 가진 사람들이었다기보다는 머릿속에 자라난 거대한 벽에 오랫동안 의문을 갖지 않아 아이디어의 숲이 굳어버린 사람들이었겠죠. 이전까지 내가 알았던 세상에 집착하기보다는 새롭게 자라나는 것과 함께 늘 호흡해야 해요.

— 그래야 아이디어의 숲이 유연함과 활력을 유지할 수 있겠죠.

그녀는 얼굴 가득 미소를 지으며 잠시 나를 바라보았다. 그러곤 와인을 조금 마신 뒤 말을 이었다.

— 2001년 서울 지하철역에서 휠체어 리프트가 추락해 장애인 박소엽 씨와 남편 고재영 씨가 사망하는 사고가 있었어요. 리프트 사고는 이전에도 여러 건 있었는데, 이 사건으로 인해 억눌린 분노가 폭발해 극렬한 투쟁이 시작됐지요.
장애가 있다는 이유로 대중교통을 이용하기 힘들고 계단이나 턱 때문에 휠체어 이동이 거의 불가능한 현실에 대한 타개

책을 요구하는 시위가 이어졌어요. 장애인이동권연대는 서로의 몸을 묶고 지하철 선로에 줄지어 앉아 점거 운동을 벌이고, 광화문 이순신 장군 동상에 올라가 장애인 이동권을 외치고, 100만인 서명운동을 벌이고, 한강 다리를 기어서 건넜죠. 목숨을 건 대규모 투쟁이 이어지자 결국 공무원들이 예산과 구조상의 문제로 안 된다고만 하던 지하철 엘리베이터나 저상 버스를 도입하기 시작했어요.

2003년 국립국어원은 '이동권'이라는 말을 새로운 단어로 수록했습니다. 장애인의 이동에는 지금도 제한 요인이 너무 많지만, 적어도 '이동권'이라고 하는 말이 있는 세상에서는 인식이 달라지죠. 옛날에는 장애가 있으면 집에만 있는 게 당연하다고 여겼다면, 지금은 그것을 '이동권 침해'로 여기게 됩니다. 사람들 속에 '이동권'이라는 나무가 자라나기 시작한 거예요. 장애인이동권연대가 벌인 극렬한 투쟁의 결과로 만들어진 지하철 노약자용 엘리베이터는 이제 장애인뿐 아니라 계단을 오르내리기 불편한 노인들도 이용하면서 그 열매를 많은 사람이 누리게 되었죠.

— 자유로운 이동을 원하는 마음들이 모여서 '이동권'이라는 말로 태어난 거군요.

약자들의 역사를 부지런히 발굴하고
튼튼한 나무로 키워내는 게 중요하겠
죠. 이전의 역사에서 씨앗을 도려내
기보다는요.

— 맞아요. 세상에 단어가 존재하느냐, 하지 않느냐는 큰 차이를 만들어내죠. 옛날부터 성적으로 불쾌감을 일으키는 말이나 행동은 존재했지만 1976년 미국에서 '성희롱'이라는 말이 생겨나 쓰이기 시작하면서 그 '기분 나쁜 어떤 것'에 이름이 붙었어요. 예전이었다면 "저 부장님은 손버릇이 고약해" "말하는 게 징그러워" 정도로 감내하며 넘어가야 했던 것들이 이제는 '직장 내 성희롱'으로 고발하고 처벌할 수 있는 것이 되었습니다.

예전에는 소설에서 "그는 괜히 마당에 묶인 누렁이의 배를 걷어찼다"라는 문장을 심심찮게 볼 수 있었어요. 그 당시에는 등장인물의 불편한 심사나 머쓱함을 드러내는 표현 정도로 이해되었겠지만, 만약 요즘 소설에 그런 문장이 있다면······.

— 그가 사이코패스임을 암시하겠죠.

— 네! 그래요. 요즘은 등장인물이 타자의 고통을 인지하지 못하거나 가학적인 성향을 지니고 있음을 뜻하겠죠. 독자들은 읽는 즉시 그 사람에게 반감을 느낄 거예요. '이동권' '성희롱' '동물 학대' '아동 인권' '차별 금지법' 등등의 말은 예전에는 없었지만 약자들의 권리와 고통을 반영하는 말로서 세상

에 생겨난 단어들이죠. 이 말들 하나하나가 새로운 아이디어의 씨앗을 퍼뜨려요. 이 씨앗은 지금까지 강자들이 키워온 숲의 그늘진 곳에서 태어난 것들입니다.

여성이 마라톤을 한다고 해서 남성이 마라톤을 할 권리가 침해된 게 아니듯, 장애인이 이동을 더 한다고 해서 비장애인의 이동이 감소된 게 아니듯, 개의 고통이 줄어든다고 해서 인간의 고통이 늘어난 게 아니듯, 동성 커플이 사랑한다고 해서 이성 커플의 사랑이 침해되는 게 아니듯, 세상은 이런 새로운 씨앗들로 인해 더 풍성해지는 거예요. 다양성은 모든 종과 사회의 건강에 핵심적 요소예요. 약자들이 권리를 주장한다고 해서 눈살을 찌푸리는 사람들은 자신이 도로시 카운츠나 캐스린 스위처의 흑백사진에 찍힌 얼간이들이 아닌지 되돌아봐야 해요.

— 앞으로는 그늘에서부터 무성한 것들이 자라나겠군요.

— 네, 그럴 거예요. 그래야만 해요.

우리는 술을 한 잔씩 더 시켰다.

한
걸음

12 ___ 잔

황은 술을 따라주고 마지막 뒷정리를 했다. 밤이 꽤 깊었다. 그녀는 볼이 좀 붉어진 채로 얘기를 이었다.

— 헨리 데이비드 소로Henry David Thoreau•의 책 《월든》에 이런 내용이 있어요. 피츠버그까지 여행을 가기로 친구랑 내기를 한다면, 친구는 피츠버그까지의 기차표 값을 벌기 위해 일을 시작할 테지만 자신은 그냥 바로 그 순간부터 피츠버그를 향해 한 걸음을 내딛기 시작할 거라고요. 그러면 자기가 먼저 피츠버그에 도착한다는 거지요. 자기가 가진 두 다리로 그 순간 한 걸음을 걷기 시작하는 도보 여행자야말로 결과적으로는 가장 빠른 여행자라는 겁니다.
더 나은 세상을 위해 무엇을 갖추고 마련하기보다는 바로 지금 그 자리에서 더 나은 세상을 '살아버리는' 게 낫다는 뜻이었지요. 전 그게 창의성에 있어서도 아주 중요한 말이라고 생각해요.

— 더 나은 세상을 살아버린다…….

• 미국의 철학자·시인·수필가.

— 왜냐하면 아이디어는 무엇을 더 갖추고 나서 시작하는 게 아니라, 지금 가진 것에서 조금이라도 더 나아지기 위해 바로 이 순간 시작하는 것이기 때문이죠. "~가 없어서 안 돼"라는 말에 어깨를 으쓱하고는 '글쎄, 그럴까?'라고 생각하는 데서 비롯하는 것이니까요. '이게 해결되지 않는 한 아무것도 할 수 없어'에서 '그럼 이걸 해결하려면 어떻게 해야 할까?'로 한 걸음을 내딛는 거예요. 그것은 '지금은 어쩔 수 없다'에 동의하지 않는 것입니다. '이러면 좀 낫지'의 정신.

그렇다면 아이디어를 내기에 적합한 때라는 건 없어요. 아이디어를 내지 못하는 곳이란 건 없어요. 결과물은 당장 나오지 않아도 돼요. 그 자리에서 생각의 한 걸음을 떼는 것, 함수 상자를 떠올려보는 것, 그게 시작입니다.

— 음…… 한 걸음 떼는 얘기를 하니 생각나는데요, 뜬금없는 이야기일지도 모르겠지만, 제 선배 하나가 담배를 끊더니 등산을 해야겠다면서 등산복이랑 등산화를 샀어요. 산에 자주 다니는 제가 어디 보자 하고 봤더니 히말라야를 등정해도 끄떡없을 정도로 튼튼하고 방한·방수에 초경량에, 첨단 기술의 집약체라고 해야 하나, 엄청 좋은 걸 샀더라고요. 처음부터 좋은 걸 사야 이중 지출을 안 한다나. 그러더니 산에 두어

번 가고는 안 가요. 요즘엔 가끔 그거 입고 동네 공원 걷는답니다.

— 하하하. 우리나라의 등산복 열풍은 유난하지요.

— 전 꼭 그럴 필요가 있을까 싶어요. 그냥 소박하게, 갖고 있는 운동화 중에 튼튼한 걸 신고 무리가 안 될 정도로 시작하는 게 낫거든요. 그러다가 점점 필요한 게 생길 때 하나씩 갖춰가면 되는 거고.

— 그거예요. 아이디어도 그래요. 처음부터 완전히 새롭고 창의적인 것을 해 보이겠다고 생각하는 것보다는 아주 작은 부분부터 더 나아질 만한 게 있는지 생각해보는 것으로 충분합니다. 일단 한 걸음을 내딛는 것, 그리고 계속 걸어가는 것이 중요하죠.
올레길을 만든 서명숙 씨의 강연을 들은 적이 있어요. 서귀포 출신인 그분은 서울에서 30년간 전쟁 같은 기자 생활을 거쳐 시사 주간지 편집장까지 됩니다. 그러다가 스페인 산티아고 순례길을 걸으러 가서 너무도 큰 치유를 경험했대요. 거기서 만난 어떤 영국 여성이 우리가 이 길에서 얻은 큰 행복을 나

뉘줘야 하지 않겠냐며, "너는 한국에 돌아가서 이런 길을 만들어. 나는 영국에 돌아가서 길을 만들 테니" 하더래요.

서명숙 씨는 깜짝 놀라서 '길을 내가 어떻게 만드나? 길이라는 건 지자체나 시민 단체 같은 데서 만들어야지 난 개인인데……'라고 생각했대요. 그러면서 덧붙이기를, "기자라는 건 생전 자기가 안 하면서 남 비평하는 게 직업이니까, 길을 안 만든다고 씹는 칼럼을 썼겠죠"라고 했어요. 하하하.

그녀는 결국 개인 자격으로 멋지게 길을 만들었지요.

— 아, 그런 사연이 있었군요.

— 만약 서명숙 씨가 '이런 길이 있어야 한다'는 칼럼만 썼다면 어느 정도의 영향을 미쳤을까요? 그녀는 칼럼을 쓰는 대신 30년 만에 제주도로 돌아가, 직접 자기 발로 걷기 시작했어요. 소로처럼 그 자리에서부터 한 걸음을 내디딘 거죠. 지금 올레길을 보세요. 그리고 올레길을 따라 온 나라에 생겨나기 시작한 길들을 보세요. 둘레길, 구불길, 마실길, 나들길, 바람길……. 전국 지자체에 캐릭터 가로등만큼이나 많은 도보여행길이 생겨나고 있습니다. 제주도 거센 바람을 타고 전국으로 퍼져나가는 올레길의 씨앗인 거지요.

— '안티 공구리' 정신도 함께 퍼져나가겠네요.

— 그러길 바랍니다. 세상을 바꾸는 건 비판이 아니라 누군가 내디디는 한 걸음이에요. 세상에 대한 불평불만을 말하는 것도 물론 필요하죠. 하지만 그보다 훨씬 더 나은 건 그걸 조금이라도 나아지게 할 아이디어를 내는 거예요. 이래야 한다 저래야 한다는 명제를 되뇌기보다는 실제로 이렇고 저런 세상을 앞당길 아이디어를 고민하는 게 나아요.
공무원들은 "대중교통을 이용하세요"라고 말로 권할 게 아니라, 승용차보다 대중교통이 더 편리하게 느껴지게끔 할 아이디어를 내는 게 낫지요. '불조심 강조의 달' '카트는 제자리에'라는 플래카드를 써 붙이기보다는 실질적으로 불을 예방하거나 빨리 진화하기 위한 아이디어, 자연스럽게 카트가 정리되게끔 할 아이디어를 내는 게 낫습니다. 우리 전통의 아름다움을 지켜야 하는데 외면하고 있다고 질타할 것이 아니라, 전통의 아름다움을 현재의 사람들이 느낄 수 있게끔 해주는 게 나아요. 언제나 이 함수 상자를 사용하라는 얘기죠.

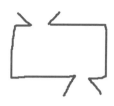

그녀는 상자가 그려진 냅킨을 내밀었다. 나는 볼펜으로 그
녀가 그린 상자 위에 여러 번 덧칠을 하면서 얘기를 들었다.

— 이 상자는 자동차 배터리처럼 자가발전된답니다. 게다가
쓰면 쓸수록 효율이 좋아져요. 그리고 점점 세상에 대한 당신
의 인식을 바꾸어줄 거예요. 비판하기보다는 아이디어의 한
걸음을 내딛는 태도는 이미 방관이 아닌 참여이기 때문이에
요. 한 걸음에 불과하지만, 방관에서 참여로 건너가는 것에는
어마어마한 차이가 있죠. 한 걸음이라도 자기 다리로 걷기 시
작한 사람에게는 운동에너지가 생기고, 그 에너지가 다시 태
도에 영향을 줍니다.

— '도보 여행자야말로 가장 빠른 여행자다.'

— 정말로 그래요. 더 나은 세상을 위한 수많은 아이디어가

가능합니다. 지금 이 순간부터, 우리가 이미 가진 것으로부터.

그녀는 와인으로 목을 축인 뒤 말을 이었다.

— 적정기술에 대한 이야기가 도움이 될지도 모르겠네요. 적정기술은 쉽게 말해 어떤 사회에 과하지도 덜하지도 않은, 적정한 수준의 기술을 뜻해요. 에너지 소비가 적고 고액 투자가 필요치 않고 누구나 쉽게 쓸 수 있으며, 되도록 그 지역에서 생산과 소비가 이루어지도록 하는 기술이죠. 아마도 가장 유명한 건 세계적으로 상을 많이 받았다는 '라이프 스트로'일 거예요. 세계의 여러 지역에서는 정수 시설이 제대로 없어 오염된 물을 그대로 마시기 때문에 죽거나 아픈 사람이 많아요. 이걸 해결하기 위해 스위스에서 개발한 휴대용 살균 정수기가 라이프 스트로인데, 이걸 물에다 대고 빨아 마시면 기생충과 박테리아가 제거된 물을 마실 수 있다고 해요. 가격은 20달러 정도이고 가지고 다니거나 청소하기도 쉽게 되어 있어요.
또 다른 제품인 큐 드럼은, 가운데가 뻥 뚫린 원통형 물통인데 뚫린 구멍에 끈을 넣고 잡아끌 수 있게 되어 있어요. 손잡이나 축은 부서지거나 떨어질 수 있기 때문에 이런 형태로 만들었대요. 끈이 끊기면 새끼줄 같은 걸로 얼마든지 대체할 수

적정기술의 좋은 예, 큐 드럼

있습니다. 큐 드럼은 먼 곳까지 물을 이거나 지고 옮기는 중
노동을 하는 여성과 어린이들의 고통을 덜어준대요. 목뼈와
척추 질환도 예방하죠. 아주 튼튼하고, 큰 수고 없이 한 번에
더 많은 물을 나를 수 있게 했어요. 너무나 단순한 이 물통의
디자인은 뭐랄까, 상쾌하게 뒤통수를 때리는 것 같아요.
적정기술의 개념은 문명의 혜택이 미치기 힘든 오지뿐 아니
라 우리에게도 어떤 원형적인 교훈을 줍니다. 아이디어는 많
은 사람의 생명을 구하고 더 나은 삶을 가져올 수 있는 힘이
라는 것, 또한 아이디어는 최신 기술의 문제가 아니라는 것.

이미 가진 기술이나 재료를 어떻게 조합하느냐에 따라 충분히 새롭고 강력한 아이디어가 될 수 있다는 거죠.

나는 맥주잔을 만지며 고개를 끄덕였다.

●

— 우리는 냉장고에 이미 재료가 가득 있는데 요리는 안 하고 또 장을 보러 가려고 해요. 이미 가진 재료를 잘 살펴보는 게 우선이에요. 인류는 이미 많은 것을 갖고 있어요. 지구에는 세계의 모든 사람을 먹여 살릴 만큼의 충분한 식량이 있어요. 식량은 결코 부족하지 않아요. 사실 지구는 지금보다 두 배나 많은 인구도 먹여 살릴 수 있다고 해요. 그런데도 세계의 한쪽에서는 사람들이 굶어 죽죠. 다른 한쪽에서는 영양 과잉에서 오는 질병으로 죽는 사람이 늘어가는데 말이에요.
우리에게 필요한 건 더 많은 식량이 아니라 더 나은 아이디어입니다. 극도로 편중된 부와 식량을 더 현명하고 인도적으로 나눌 수 있는 아이디어요. 가난한 사람들이 죽어가는 건 하늘의 벌을 받는 게 아니고, 부유한 사람들이 더 부유해지는 것도 당연한 일이 아니에요. 그건 모두 우리 인간들이 만들어낸 구조의 문제라고요.

— 그렇다면 바꿀 수도 있는 거죠. 인간이 만들어낸 거니까.

— 맞아요. 하지만 모든 것을 해결하는 아이디어는 없어요. 모든 문제가 다 해결된 황금시대, 유토피아는 결코 오지 않습니다. 세상은 안정되지 않아요. 세상은 고쳐 쓰는 거예요. 한 걸음이라도 더 나은 방법을 고민할 뿐인 거죠. 한 걸음 진보가 두 걸음 퇴보로 이어질 수도 있지만 거기서 또 한 걸음 나아가는 것, 그게 인간이고 역사라고 생각해요. 올레길도 만들어놓는 걸로 다가 아니죠. 그 길을 깨끗하게 지켜낼 아이디어가 끝없이 필요해요.

— 맞아요. 지금은 올레꾼들 때문에 제주도가 몸살을 앓는다고 하더군요.

— 플라스틱이 환경을 많이 파괴한다며 대안을 찾다가 옥수수로 플라스틱을 만들게 되었다는 뉴스 보신 적 있나요?

— 네, 좋은 아이디어라고 생각했어요.

— 그런데 몇 년 후, 옥수수를 재배하면 수익이 높으니까 가난한 농부들이 옥수수 경작지를 늘리려고 열대우림을 오히려 더 파괴하고 있다는 뉴스를 봤어요.

— 아이고 저런⋯⋯.

— 그렇다고 '옥수수 플라스틱' 자체가 나쁜 아이디어일까요?

— 그것 자체가 나쁜 아이디어는 아니겠지만⋯⋯ 음, 결과는 나쁘네요.

— 그럴 때는 문제를 진단하고 나쁜 부분을 개선할 아이디어가 필요한 거라고 생각해요.

옥수수 플라스틱 때문에
열대우림이 파괴된다

— 노벨상을 만든 노벨 있잖아요.

— 네.

— 노벨이 어느 날 화약 성분을 운반하다가 통에서 액체가 흘러내린 걸 봤어요. 원래 공기에 노출된 상태에서 조금만 충격을 받아도 폭발해버리는 성분이 왜 안 터졌을까 살펴보니, 그 액체가 주위의 규조토에 스며들어 굳어 있었죠. 액체 폭약은 자칫 잘못하면 터져버려서 사람이 많이 죽고 다쳤어요. 노벨의 동생도 그렇게 죽었고요. 노벨은 규조토를 이용해서 충격을 받아도 터지지 않는 안전한 폭약을 만들었어요. 그게 다이너마이트였죠. 다이너마이트는 안전했기 때문에 온갖 산업 현장에서 쓰이며 불티나게 팔려나갔고, 노벨의 가문은 유럽 제일가는 부자가 되었어요. 그런데…… 제1차 세계대전이 터지자 다이너마이트는 오히려 사람을 죽이는 무기로 변하고 말지요.

— 아……

— 노벨은 자기 발명품이 그렇게 쓰이는 걸 도저히 견딜 수

우리는

아무리 척박한 곳에서도

한 걸음을 내디딜 수 있어요.

더 아름다운 세상을 향한 한 걸음을.

가 없었어요. 그는 유언장에다가 자신의 유산을 스웨덴 과학 아카데미에 기부하고, 그 이자로 해마다 물리학, 화학, 생리학 및 의학, 문학, 평화 다섯 개 부문에 공헌하는 사람에게 상을 주라고 했죠.

— 그게 노벨상이군요!

— 네, 맞아요. 다이너마이트는 처음에는 좋은 아이디어였지만 인명 살상이라는 의도와 결합하자 끔찍한 아이디어가 되어버렸죠. 아이디어는 칼과 같아서 과일을 깎을 수도 있고 사람을 찌를 수도 있는 거예요. 우리는 이걸 잘 기억해야 합니다. 인간은 좋은 의도에서 태어난 아이디어를 그렇지 않은 아이디어로 만드는 데 탁월한 존재들이라는 것. 그게 '아이디어'라는 강력한 힘을 가지고 태어난 인간이라는 종의 양면이에요.

역사는 그런 예들로 가득하죠. 종교가 타락해 호화스러운 교회를 짓기 위해 신도들에게 벌을 면하게 해줄 테니 돈을 내라고 합니다. '면벌부'를 파는 기막힌 행위가 벌어진 거죠. 수도사 마르틴 루터Martin Luther는 95개조 반박문을 붙여 교회를 비난하고, 종교개혁을 시작합니다. "믿음 외에는 그 무엇도 필요치 않다. 교회의 사제란 교사나 원조자에 지나지 않는다. 성서에 나와 있는 것만이 타당하다."

이것이 루터의 아이디어였어요. 하지만 그 아이디어는 퍼져나가면서 통제 불능으로 치닫죠. 추종자들은 루터 자신보다 더 과격한 루터주의자가 되어버렸어요. 사람들은 교회의 그림들을 떼어내고 지주들을 찔러 죽이고 수도원으로 쳐들어갔죠. 지금껏 교회와 싸우라고 연설하던 루터는 이제 이 과격한 루터주의자들을 진압하고 처벌하라는 연설을 하게 됩니다.

— 아이러니하네요.

— 마르크스의 경우도 비슷해요. 경제학자이던 그의 치밀하고 혁명적인 아이디어는 온갖 열광을 일으키며 걷잡을 수 없이 세계로 퍼져나갔죠. 일파만파로 퍼져가는 자신의 아이디어가 일으키는 다양한 결과를 보며, 결국 마르크스는 이런 말을 했어요. "내가 아는 한, 나는 마르크스주의자가 아니다." 세계 역사는 온통 카오스예요. 좋은 의도대로 척척 진행되는 일은 하나도 없습니다. 하지만 그 카오스 안에서 또 새로운 아이디어가 나오는 것이고, 그것이 바로 인류의 역사예요. 우

리는 너무나 어리석은 짓을 많이 해요. 세상에 문제는 가득하죠. 그렇게 보려고 들면 인간 문명 자체가 문제예요. 그래서 절망에 빠져버리는 것도 이해가 안 되는 건 아니에요.

하지만 좌절하고 원망하기보다는 그 자리에서 또 한 걸음을 걷는 것. 그게 우리가 누리는 이 모든 걸 만들어낸 거예요. 동시에 우리가 보는 이 처참한 모든 걸 만들어내기도 했고요. 자연을 파괴하는 인간중심주의의 오만함을 극복하는 것도, 인간이 멸종되지 않는 이상은, 오직 인간의 아이디어로만 가능합니…… 이봐요, 자는 거예요?

— 아, 아뇨, 아니에요.

나도 모르게 눈을 감고 있었나 보다. 나는 눈을 가늘게 뜬 채 고개를 흔들었다. 졸리긴 했지만 그녀의 얘기를 더 듣고 싶은 것도 사실이었다. 말이 느릿느릿 나왔다.

— 인간들이 이렇게 어리석은데…… '더 나은 세상'이 오기는 할까요? 더 나은 세상을 향해 지금 가진 것으로부터 한 걸음이라도 걷기 시작해야 한다는 말, 알겠어요. 알겠습니다. 그런데 그건 도대체 어느 방향인가요? 더 나은 세상은 어떤

세상일까요? 저마다 자기한테 유리한 세상을 더 나은 세상이라고 우기잖아요. 돈 많은 사람은 자기가 돈을 더 버는 세상이 더 나은 세상이고, 남의 나라야 어떻게 되든 자기네 나라한테 유리하면 그게 더 나은 세상이고…….

그녀는 마지막 남은 와인을 신중하게 다 마시고 잔을 테이블에 탁, 내려놓고는 말했다.

— 더 나은 세상이 어떤 세상이냐고 제게 물으신다면, 저는 도스토옙스키의 아이디어를 빌려서 이렇게 대답하겠어요. "아름다움이 세상을 구원할 것이다."

졸린 와중에도 이게 매우 뜬금없는 소리라는 건 인지할 수 있었다.

— '아름다운 세상'이라는 말은 참 모호하지만 동시에 묘하게도 어떤 균형감 같은 걸 가져다줍니다. 풍요로운 세상이라 하더라도 그것이 남에게서 빼앗은 풍요라면 아름답지 않을 거예요. 효율적인 세상이라 해도 자연을 파괴해서 얻는 효율은 아름답지 않을 것이고, 따뜻한 세상이라 하더라도 그것이

고루 미치지 않는다면 아름답지 않을 거예요. 제게 더 나은 세상은 '아름다움이 더 많은 세상'이에요. 모든 나라가 김구 선생의 말처럼 '가장 아름다운 나라'가 되기 위해 경쟁한다면 그건 인류에게 큰 이득이 될 겁니다. 아름다움의 경쟁은 그저 더 큰 아름다움을 가져올 뿐이니까요. 봄에 온갖 꽃이 저마다 아름다움을 뽐내면 세상이 그만큼 아름다워지는 것과 같이요.

시야가 흐려지며, 냅킨에 그려져 있던 아이디어 상자가 여러 개로 늘어나더니 내 눈앞을 둥둥 떠다녔다.

─ 제가 생각하는 더 나은 세상, 그러니까 더 아름다운 세상을 향한 한 걸음의 예를 말씀드릴게요.

1975년의 일이에요. 베네수엘라의 어느 빈민가 차고에서 11명의 아이를 불러놓고 악기를 쥐여주며 연주를 가르친 사람이 있었어요. 호세 안토니오 아브레우Jose Antonio Abreu 박사였죠. 베네수엘라 빈민촌의 경제와 치안은 극도로 불안해서 고작 열몇 살밖에 안 된 애들이 총질을 하다 죽고, 많은 아이들이 더 나은 내일에 대한 어떤 희망도, 할 일도 없이 하루하루를 살아가고 있었어요. 음악가이면서 경제학자이기도 했던 아브레우 박사는 무법천지인 빈민촌에서 아이들에게 총 대신 악기를 쥐여주자는 아이디어를 냈어요. 이게 전 세계적으로 알려지게 된 베네수엘라의 음악교육 프로그램 '엘 시스테마El Sistema'의 시작이었죠.

아이들은 마약과 총질보다 악기와 협주에 열중하게 되었어요. 악기를 배우려는 아이들은 점점 늘어났죠. 수십 년이 지나면서 '엘 시스테마'는 각지의 후원을 얻어 어린이와 청소년에게 무료로 음악을 가르치는 전국적인 교육 시스템이 됩니다. 어릴 때부터 오케스트라에서 함께 연주하는 걸 배운 아이들은 협동과 책임, 조화의 중요성을 깨닫고, 무엇인가 '할 수 있다'는 느낌을 갖게 되었죠. 아름다운 아이디어예요.

폭력과 가난으로 어디에도 출구가 없던 빈민촌 골목을 밝힌 것은 다름 아닌 음악 소리였습니다. 희망 없는 곳에서 스스로 트럼펫을 불고 콘트라베이스를 조율하며, 아이들은 서로의 안에 있는 희망을 비추고 오케스트라의 아름다운 화음을 점화시켰어요.

사람들은 모두가 땅과 같아서, 척박한 땅이라도 잘 가꾸고 좋은 씨앗을 심어주면 무언가를 피워낼 수 있다는 걸 '엘 시스테마'는 아름답게 증명해 보입니다. 이 프로그램의 수혜자로, '엘 시스테마'가 배출해낸 오케스트라와 함께 내한 공연을 오기도 했던 구스타보 두다멜Gustavo Dudamel은 LA 필하모닉의

상임지휘자가 되었고 이젠 세계적 스타입니다. 세계 각지에서 '기적의 오케스트라'라 불리는 이 시스템을 배우기 위해 베네수엘라를 찾아오는 사람이 수없이 많다고 해요. 아브레우 박사의 아이디어는 이제 다른 많은 곳으로 퍼져나가 수많은 가능성을 점화하겠죠.

나는 눈을 끔뻑였다. 그녀, 볼이 빨개질지언정 결코 지치지 않는 아이디얼리스트는 반짝이는 눈으로 허공에 시선을 던지며 힘주어 말했다.

— 우리는 아무리 척박한 곳에서도 한 걸음을 내디딜 수 있어요. 더 아름다운 세상을 향한 한 걸음을. 그 방향으로 나아가기를 방해하고 억압하는 벽이 있다면, 온갖 아이디어의 무릿매로 균열을 일으키고, 무너뜨릴 수 있어요. 경제적 불평등, 정치적 갈등, 과도한 경쟁이 우리를 갈라놓는다면, 우린 그걸 뚫고 서로 손잡을 소통의 아이디어를 낼 수 있을 거예요. 어떻게 하면 개인적 행복을 추구하면서 동시에 더 아름다운 세상도 추구할 수 있을까요? 어떻게 하면 지금 가진 것에서부터 더 아름다운 세상을 향한 한 걸음을 내디딜 수 있을까요? 저의 아이디어는 이렇습니다…….

누군가 어깨를 흔드는 바람에 잠이 깼다. 눈을 비비며 올려다보니 황이었다. 바에 엎드려 잠이 든 모양이었다. 시간이 얼마나 흘렀는지 가늠하기가 힘들었다. 옆을 돌아보니 그녀는 가고 없었다.

테이블 위에는 냅킨 한 장이 놓여 있었다.